Irene Pietsch

Jabo Noi

Mandamos Verlag

© 2017 Irene Pietsch

Umschlag und Illustrationen zu „Jabo Noi" und „Jabo Noi plus®": Irene Pietsch.

Verlag:
Mandamos Verlag UG (haftungsbeschränkt),
Alte Rabenstraße 6, 20148 Hamburg

Herstellung und Auslieferung:
Tradition GmbH,
Grindelallee 188, 20144 Hamburg

ISBN
Paperback   978-3-946267-30-0
Hardcover   978-3-946267-31-7
e-Book   978-3-946267-32-4

Das Werk ist urheberrechtlich geschützt. Jede Verwertung ist ohne Zustimmung des Verlages und der Autorin unzulässig. Dies gilt insbesondere für die elektronische oder sonstige Vervielfältigung, Übersetzung, Verbreitung und öffentliche Zugänglichmachung.

Inhalt:

Jabo Noi   S. 7
Jabo Noi plus ®   S. 163

Jabo Noi

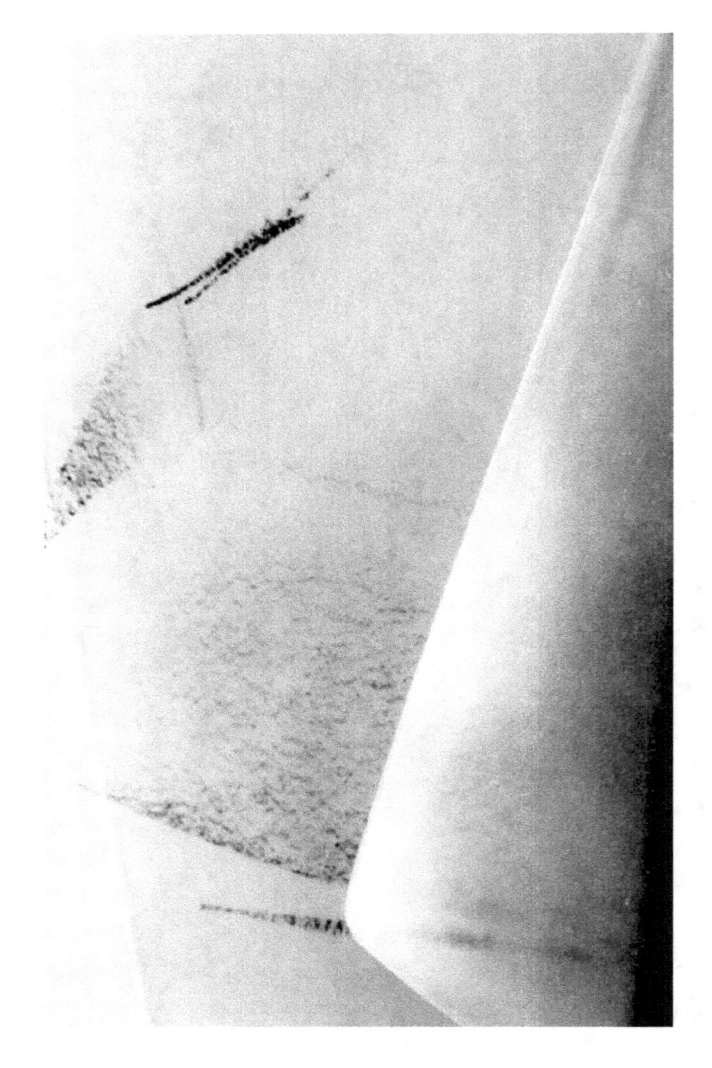

1

Der Bürger war noch nie so mündig wie jetzt. Er müsste darob vor Selbstvertrauen und Kraft kaum gehen können, was erstaunlicherweise nicht durchweg eintritt. Immer noch meint mehr als der eine oder andere, seine geduldige Mündigkeit würde nicht genügend mit bedeutsamen Vorteilen honoriert und hält es mit dem Sänger, der beim Zahnarzt nur den Mund aufmacht, wenn er dafür bezahlt wird. Die Wahl auf amtlich vorgestanzten Z e t t e l n (sic!) von Handbuchformat, das einem multifunktionalen Küchenmaschinenfabrikat alle Ehre machen würde, wird zur Anamnese vor Aufnahme in…

Ja, in was? Ein Spital oder eine Wohnanlage mit Swimmingpool?

Wichtig sind Vorerkrankungen der Urgroßeltern, Großeltern, Eltern und Verwandten in direkter Linie sowie Kinderkrankheiten und Impfungen mit Auffrischungen. Alle Unterlagen bitte am Wahltag mit Ausweis bereit halten und ohne spezielle Aufforderung vorzeigen.

"Sie können sich schon mal in Kabine 3 ausziehen. Wir kommen gleich und holen Sie ab."

"Meine Unterhose kann ich anlassen?"

"Darf ich mal..."

Ein Griff ins Bündchen...

"Das geht. Bleistift finden sie links neben der Ablage."

Der Bleistift hängt rechts an einem Bindfaden. Fehlt nur noch das Klopapier daneben.

Ach, wenn doch erst wieder Wahltag wäre...

Der Bürger lechzt nach Benotung durch Selbstportraitierung, spätestens, nachdem er seine Stimme turnusmäßig an der Urne abgegeben hat, wo hinein sie von Helfern versenkt wird. Nie ist er fotogener als bei der ersten zuverlässigen Hochrechnung, die einen Sieg verheißt, auf den er gesetzt hat.

Wählen ist nicht nur wichtig, wählen macht Spaß, wenn man es nur richtig angeht. Nicht jeder mag sich zu so viel zivilem Ungehorsam hingezogen fühlen. Zu tief sitzt die Lektion, dass Ruhe die erste Bürgerpflicht ist, weswegen am Sonntag gewählt wird. Erst die Kirche, dann...

Wählen ist die erste Bürgerpflicht!

Hier müsste eine Video eingespielt werden, das einen Austernfischer im Revier eines Walfängers zeigt. Aus Ermangelung an flankierenden Maßnahmen wird eine markante Szene aus dem Kurzfilm schriftlich nachgestellt:

Das Bühnenbild:

Eine städtische Rasenfläche kurz vorm Absaufen. Im Hintergrund ein Findling. Seine güldene Inschrift:

„Op ewig ungedelt."

Es gießt in Strömen.

Hauptdarsteller:

Ein junger Austernfischer auf Wurm- und Madenjagd.

Ein Walfänger im besten Mannesalter mit Beute (Karpfen).

Ein Riesenwels in der Zwickmühle.

Ein Filmteam, bestehend aus Regisseur und Filmerin.

Walfänger zu Filmerin *(stehen sich vis-à-vis gegenüber)*:

„Können Sie nicht mal Ihren Schirm über mich halten?"

Filmerin:

„Von hinten oder von vorne?"

Walfänger *(über ihren Schirm hinweg)*:

„Der Fisch muss trocken bleiben."

Filmerin *(hält den Schirm so hoch, dass sie Blickkontakt mit dem Walfänger aufnehmen kann)*:

„Der muss trocken bleiben?" (*zieht die Augenbrauen belustigt hoch und zeigt auf das ansehnliche Karpfenexemplar)*.

„Das Drama, ihn trocken zu halten, habe ich einmal miterlebt, seitdem ist mir das Karpfenverhalten in Gefangenschaft dubios."

Walfänger:

„*Nur Mut. Er beißt nicht mehr!*"

Filmerin *(hält den Schirm jetzt direkt über ihren Kopf, wie um sich vor einem Befreiungsakt des Karpfens schützen zu wollen)*:

„Wer garantiert mir das?"

Walfänger:

„*Was wollten Sie denn wohl machen, wenn ein Blauwal mit dem Boot flirtet (lacht einmal heiser auf)?*

Los! (greift einen Eimer).

Ich muss schöpfen. Wenn Sie jetzt nicht halten, ist das Boot gleich ganz voll (hält den Fisch Filmerin unter die Nase).

Da – ganz frisch. Nehmen Sie ihn endlich."

Filmerin *(streckt eine Hand unter dem Schirm her und tätschelt ein wenig die Schuppen des Karpfens)*:

„Der ist ja ganz glitschig. Den kann ich nicht halten."

Walfänger:

„Mann! Es geht um meinen Jahresbonus. Da hinten der Austernfischer mit den kreglen Augen wartet doch nur, ihn mir streitig zu machen."

Austernfischer tippelt geschwind herbei, hackt gezielt in den tropfnassen Rasen und zieht einen Wurm nach dem anderen heraus, schlägt einen Haken und wagt einen Ausbruch nach links, als er des Walfängers ansichtig wird.

Walfänger:

„Haben Sie das eben mitgekriegt?"

Filmerin:

„Ich finde ihn wonnig – so grazil, so behend."

Walfänger:

„*Dann halten Sie doch Ihren Schirm über ihn!*"

Filmerin:

„*Wie soll denn das funktionieren?*"

Walfänger:

„*Da haben Sie es!*"

Filmerin:

„*Was?*"

Walfänger:

„*Entweder Bruder Leichtfuß mit ungewissem Einkommen oder…*"

Filmerin:

„*Dazwischen gibt es nichts?*"

Walfänger:

„*Waren Sie schon mal bei Schietwetter hier? Der kommt n u r dann!*"

Filmerin: *(guckt in die Runde und entdeckt den Riesenwels in der Zwickmühle):*

„Warum hilft ihm keiner?"

Walfänger:

„Ist Ihnen noch nicht aufgefallen, dass selbst der Austernfischer ihn umgeht, wo er doch sonst keine noch so große Größe meidet, um zu seinem Vorteil aufzuspringen!"

Filmerin:

„Auch bei Nilpferden?"

Walfänger:

„Stehende Gewässer sind ihm lieber."

Der Austernfischer keckert und rennt dreimal um das kniehoch mit Wasser gefüllte Boot des Walfängers. Filmerin hüpft mal ihm nach, mal ihm aus dem Wege, was eine komische Choreographie der Bewegungsabläufe inmitten der grünen Hochseestimmung ergibt und seinen Höhepunkt erfährt, als die Automatik des Schirms versagt und über dem Kopf der Filmerin zusammenklappt, was einen Hilfspolizisten auf den Plan ruft.

Hilfspolizist:

„Sie da! Können Sie nicht lesen?"

Filmerin hält erschrocken inne.

Er zeigt auf den Findling:

„Op ewig ungedelt."

Schwenk über die Rasenfläche.

2

Herr Grotschy aus Wien ist von Natur aus tanzbegabt, ballerfahren und hat deshalb oder dennoch sämtliche Mitgliedschaften auf Lebenszeit in Fitness Studios, Sportgruppen und Gesangvereinen fristgerecht und unter Wahrung aller Formalien zum nächst möglichen Termin gekündigt, was rund zwei Jahre in Anspruch genommen hat.

Er ist nunmehr vertragsmäßig assoziierter Studio Partner, Sportbeirat für Auswärtsspiele von Bregenz bis Bergen und Gesangesbruder von gemischt geschlechtlichen Chorgemeinschaften, die zur Verstärkung von Unterbesetzungen im Bariton- und Bassfach antreten. All das ohne Gage, sondern mit Freiwilligenobolus in Höhe seines vorherigen Pflichtbeitrags.

Hier müsste erneut ein Videoclip eingespielt werden, der jetzt in bewährter Weise geschrieben eingefügt wird.

Das Bühnenbild:

Eine Fußgängerzone bei Wind und Wetter. Sie sieht unwirtlich aus, nur wenige Passanten kämpfen sich die Unlust am Stadtbummel durch tapferes Durchhalten im Freien vom Stimmungsbarometer.

Im Hintergrund: Jupiters Stammkneipe. Der Göttervater ist umwölkt. Er tritt als Stimme auf.

Sonstige Hauptdarsteller:

Eine Graugans, offensichtlich kapitolinischer Natur.

Eine Flugente vom olympischen Ruderzweier mit Steuermann.

Herr Grotschy in ungebrochen guter Verfassung.

Gans zu Flugente:

„Ich habe meine Antennen gerade ausgefahren. Die Starterlaubnis aus Brüssel müsste jeden Moment gegeben werden."

Flugente:

„Dann will ich mein Fahrwerk schon mal kontrollieren (rudert heftig auf der Stelle)."

Gans *(hält eine Schwanzfeder in die Luft):*

„Brüssel hält die Landebahn gesperrt. Alle Flieger müssen über die Startbahn Chalkidiki."

(ein Kastenwagen fährt vorbei, die Unbekannte jucht, Ente rudert stärker, um mit ihrem Bord eigenen Dynamo die Warnlichter in Gang zu setzen, Herr Grotschy nähert sich Gans).

Ente:

„Ich versuche mal ein Punktstehen."
(Sie hält einen Flügel in die Windrichtung, den anderen entgegengesetzt).

Herr Grotschy:

„Wenn ich so frei sein darf – das sieht nicht besonders gefällig aus."

Gans *(senkt alle Schwanzfedern und dreht sich zu Herrn Grotschy um, ohne die gerade Hals-Kopf-Haltung aufzugeben, wobei sich ihr gesamtes Schwanzfederarsenal zu einem einzigen Leitruder entwickelt, spricht im Adagio):*

„Recht so?"

Herr Grotschy:

„Für einen Großraumflieger wie Sie ideal. Wann darf ich Sie in der Luft erwarten?"

Gans:

"Zählen Sie langsam bis 1500 und gehen dann bei 1501 zur Aussichtsplattform."

Die Kamera zeigt das Flugfeld im flirrenden Asphalt der Nässe, den Tower und eine Aussichtsplattform, die einem Kleingarten gleicht.

3

Herr Grotschys mentaler Bewusstseinswechsel von Pflichtübung zu Freiwilligenkür kommt noch gerade rechtzeitig zur nächsten Wahl, worauf er Wert legt, da er die Erfüllung von Wahlverpflichtungen zum Bürgerrecht erhoben hat, das einzufordern ihn Tag für Tag auf Trab hält. Dafür wünscht er sich Gesinnungsfreunde, die auf angenehmste Weise Feld, Forst und Wiese mit Pflicht und Recht zusammenführen.

Er unterscheidet dabei zum besseren Verständnis für Unentschlossene zwischen einer Wald- und einer Parkmündigkeit im Wahlverhalten. Das Lehrbuch zur Verinnerlichung der Grundformeln führt er wegen erhöhten Bedarfs nach geschriebenen Clips ständig bei sich: es sind die Jura-schweizerischen Mündigkeitsexerzitien à la J.-J. Rousseau auf der Basis von Emmanuel Kants Königsberger Kategorischem Imperativ.

„Bonjour und Grüezi."

„Lassen Sie uns den Umständen entsprechend einen Emmenthaler ausbringen."

„Frisch oder vergoren?"

Das Problem wird derzeit zwischen Bern und Königsberg abgewogen, während in Paris wasserdichte Paragrafen vorrätig gehalten werden, um die EU damit versorgen zu können, wenn es soweit ist.

Derweil ist die erste und beinahe einzige, daraus resultierende Frage futuristisch versponnener Adepten mit Kunst- und Kulturambitionen:

„Ist das Blatt auch grün, wenn man es umdreht und wenn ja, ist es dasselbe Grün wie auf der anderen Seite?"

Zweite und folgerichtige Frage, wenn die erste und beinahe einzige von den wenigen Möglichkeiten in einem Questionnaire unter fachkundiger Anleitung geklärt werden konnte: „Gehören die umgedrehten Blätter tatsächlich zu dem Baum, von dem sie gefallen zu sein scheinen oder muss ein überparteilicher Census für Aufklärung sorgen?"

Für die Nützlichkeit der so am hin- und her gewendeten Blattobjekt studierten Frage und dem daraus resultierenden, für den weiteren Lebensweg als Mündiger unumgänglichen, daher zwangsläufig notwendigen Gedankengang, hat die Freie und Hansestadt Hamburg in nicht geringem Umfang gesorgt.

Es gibt seit dem 19./20. Jahrhundert etliche Parkflächen und Wälder, die aufgrund von bestimmten Notwendigkeiten nachhaltig in Eigentum der Freien und Hansestadt umgewandelt Herrn Grotschy als Ehrenberner auf den Plan rufen. Er will die kunsthistorischen und soziopolitischen Hintergründe für die hansestädtischen Umwandlungen unter die neutrale Lupe nehmen.

„Bitte zum Mannschaftsfoto aufstellen! Erno 1-3 bitte vorne in die zweite Reihe."

„Erno 2 ist mal gerade Austreten."

„Gut, dann bitte den Torwart an seine Stelle."

Der Torwart kommt in einem nicht ganz sauberen Trikot Nummer 22 angesprintet.

„Na, so geht das nimmer. Du hast das Trikot vom Nachmittagsclub an."

Der Torwart hebt das Bein, wie um einen Freistoß auszuführen, senkt es wieder, zieht die Schultern und die Nase hoch. Herr Grotschy gibt sich von der fußballerischen Gymnastik unbeeindruckt.

„Wenn schon nicht Freiwilliger wie ein Profi, dann hab' wenigstens so viel Anstand im Bauch.."

„Jawoll!"

„Wer ist denn Kapitän?"

„Du."

„Richtig. Und wer hat dann das letzte Wort?"

„Der Torwart."

Herr Grotschy klopft dem Torwart gönnerhaft auf die Schulter und kommt vor Erno 1 und 3 auf das rechte Knie nieder. Nummer 22 stellt sich neben ihn, als sich die Stimme einer unsichtbaren Autorität lautstark zu Worte meldet, was Herr Grotschy für unbotmässige Einmischung hält.

Herr Grotschy:

„Können Sie auch nur ein Mal ohne Megafon…"

Stimme:

„Der Ball!"

Herr Grotschy:

„Bis zum Anstoß sind es exakt noch drei Minuten."

Stimme:

„Den pfeift der Schiedsrichter."

Herr Grotschy schreckt hoch.

„Wie konnte ich nur den Unparteiischen vergessen!"

Stimme:

„In fünf Minuten nehme ich die Zeit."

„Und welche Pfeife ist es heute?"

„Ich lasse etwas aus einer Fuge einstimmen."

„Erno 2, hast Du gehört – Du sollst auf die Fuge achten."

Der Torwart:

„Chef, der Erno 2 ist immer noch nicht zurück."

Herr Grotschy ist sichtbar peinlich berührt (an die Stimme gewandt):

„Es ist etwas von einzigartigem Seltenheitswert passiert. Ich bitte um Entschuldigung und übernehme die sportliche Verantwortung. Der Erno 2 ist sonst die Zuverlässigkeit selbst. Er hat neue Stulpen.

Können die Wimpel später ausgetauscht und der Anpfiff verschoben werden?"

Eine Fuge ist zu hören, die Kamera spottet die mobilen Umkleidekabinen und schwenkt dann über das Spielfeld zu Herrn Grotschy und dem Torwart, die auf der Mittellinie das Riesenpuzzle „Bundesliga im Aufbau – alle Teile von 1956 bis jetzt" ausgelegt haben.

4

Im Alstervorland kann es nie wieder so werden wie zuvor. Selbst die unstrittige Wichtigkeit des Lehrerprüfungsamtes der Freien und Hansestadt Hamburg in einem herrschaftlichen Besitz früherer Zeiten konnte nichts an den bedeutenden Umwälzungen ändern. Ganz im Gegenteil. Die Verlegung der Behördenabteilung war eine der ersten strukturellen Maßnahmen und baute Hemmschwellen ab.

Die alte Prachtunterkunft erholte sich von der Jahrzehnte andauernden Provisoriums Agonie, nachdem ein Investor gefunden wordenwar. Er steckte ordentlich Geld in Restaurierung und Renovierung, so dass kultiviertes

Wohnen dort wieder eine Vorzeigeadresse hatte.

Herr Grotschy hat in einem Antiquariat für geschichtsinteressierte Souvenirsjäger ein paar alte Fotos gefunden. So ungeschminkt, wie die Szenen sich darbieten, sind sie wohl aus Versehen entstanden und sprechen eine konturierte Sprache:

Foto 1

Eine vom Blitzschlag mehrfach getroffene Eiche auf einem grünen Hang. „Idiotenhügel" heißt die Karte und bezieht sich auf seltene Winterfreuden auf Rodelschlitten. Die Wunde im Stamm klafft weit. In der Nähe ist Gezwitscher zu hören. Ein Buchfink?

„Auf welcher Schalmei hast Du denn gesessen?"

„Ich habe als Sitter angeheuert."

„Part time?"

„So lange ich kann."

„Mit eigenem Bauer?"

„Ne, Gemeinschaftsvolière – und Du?"

„Ich habe eine ganze Baulücke für mich. Mein Eichenloft sollte mit Zement ausgegossen werden, aber ich habe gerade genistet. Da wurde Verzicht geübt."

Foto 2:

Eine Galerie, wahrscheinlich im lombardischen Zentrum der Hansestadt. Die Signoria ist noch nicht eingetroffen, zwei Stühle stehen für den Conte und seine Begleitung bereit, um angesichts einer in Gold gehaltenen Weltkugel irgendwann ihren Espresso einzunehmen.

„Wartest Du auch schon so lange?"

„Ein Ennui lang."

„Ein En...was?"

„Nui."

„ ‚Nui' – kommt mir irgendwie bekannt vor. Dir nicht?"

„Nö."

Eine westafrikanische Kunstrichtung - Côte D'Ivoire oder so."

Der Globus dreht sich. Westafrika ist aus dem Blickfeld verschwunden. Kolonien adé.

„Und wo sind wir jetzt?"

„Bin ich dafür da, Deinen Conte zu ersetzen?"

Die Welt für lau.

Jetzt: die Welt für viel und dennoch zum Schnäppchenpreis. Die glitzernden Yuppie-Jahre waren auch in der Hansestadt mit dem Tor zur Welt im Wappen angebrochen. Es wurde gesneakt und geslippert, getiptoed und geslingpömpst, was die Klappern für das Handwerk notwendig machten. Freistil in Edel war angesagt, allerdings nicht für jeden und überall, aber oft genug dort, wo es nicht vermutet wurde.

Und nun?

Herr Grotschy kann sich unter Auslassung von seltenen Objekten von innen nach außen vorarbeiten. Wie immer statuiert er sich selber zum Exempel und gruppiert die Feldstudie um sich herum. Er betritt - nach Abwägung anderer Möglichkeiten – der Reihe nach eine Miederwaren Boutique, ein Fachgeschäft für Flaggen und Fahnen sowie ein Damen und Herrn Ober- und Unterbekleidungsgeschäft mit Kaufhausambitionen.

Eine freundliche Bedienung steht wie zufällig in der Nähe der Tür und prüft einen Ständer mit Blusen auf seine Haltbarkeit hin. Sie richtet sich auf, als Herr Grotschy die Türschwelle passiert.

„Kann ich Ihnen behilflich sein?"

„Ich suche etwas Lässiges, aber mit Glitzer – und typisch soll es sein?"

„Für Sie selber?"

„Das weiß ich noch nicht."

Die Verkäuferin nickt verständig.

„Ich kann Ihnen ja mal etwas zeigen... mehr Bluse – wie hier..."

Sie fährt mit einer Hand durch die Hemdblusen, dass eine sanft wogende Bewegung in die Stoffmenge kommt.

„Sehr angenehm, diese Kühlung. Könnte ich das bitte noch einmal haben?"

„Dieses Modell ist durch vier Abnäher auf Taille gearbeitet und wirkt nur in der Menge, aber wir haben auch weit

geschnittene Kittel und Kasacks für den urbanen Trachtenchic am Arbeitsplatz. Alle modisch mit und ohne Bindegürtel."

Sie verschwindet.

„Warten Sie – ich komme mit."

Herr Grotschy wühlt sich durch die Gassen zwischen den Gondeln und Ständern. Irgendwo im Dunkel des hinteren Bereichs der Verkaufsfläche trifft er wieder auf seine DOB-Beraterin, die inzwischen einen Arm voller Bekleidungsteile für ihn bereit hält.

„Alle für mich?"

„Sie müssten anprobieren."

„Das geht jetzt so auf die Schnelle – ich würde beinahe sagen wollen: so plitzplatz - auf gar keinen Fall. Sehen Sie, ich bin auf einen Sprung zu Ihnen herein gekommen, um eine Feldstudie über die gesunden

Sweeties der Hamburger Swift Szene zu beginnen. Wo bin ich hier bitte – in Pöseldorf oder in Harvestehude?"

"Davon habe ich noch nie gehört."

„Was meinen Sie denn selber, wo Sie sind?"

„In Hamburg."

Herr Grotschy laviert zwischen kurz entschlossenem Abbruch des sich anbahnenden Geschäftsgesprächs und seinem persönlichen Ehrgeiz, mehr als bisher in Erfahrung zu bringen.

„Kennen Sie denn wenigstens die Adresse hier?"

„Da finde ich auch ohne hin."

Er kauft ein Paar Socken ohne Abnäher, bezahlt und liest auf dem Bon, dass die emsige Verkäuferin Frau Freya heißt.

Das ist für Herrn Grotschy keine Premiere, sondern eine Uraufführung von internationalem Interesse, so dass er versucht ist, sein Original Anliegen zu verdrängen und sich ab sofort mit Frau Freya zu beschäftigen, was ihm seine Berufsethik verbietet. Flirts auf der Bühne nur nach der Pensionierung.

Dann haben die Socken längst Löcher an den Fersen und Herr Grotschy keine oder keinen, der die teure Trikotware kunstvoll zu stopfen versteht.

5

Wie sich herausstellt, hat Herr Grotschy den Anfang im Bezirk Eimsbüttel gemacht, und dort im Stadtteil Rotherbaum-Harvestehude-Pöseldorf. Letzteres ist nach dem Niederdeutschen „Pöseln" benannt, das im Rheinisch-Westfälischen, wo man sich gerne altpolnischer Mundart in Verbindung mit frankophiler Phonetik bedient, eher „Pusseln" heißt, aber auf's Gleiche hinaus läuft. Das eine wird mehr an frischer Luft betrieben, das andere in den eigenen vier tapezierten und gekachelten Wänden.

Die Pöseldorfer Gastronomie konnte die Welle des blitzblank neuhamburgischen Getues der hippen NEMAX- Generation kaum fassen, was den logischen Schluss zuließ, dass die Mehrzahl der Früh- und

Spätfrühstücker aus Pusselregionen kam. Nicht nur, dass sie anders sprachen, wobei sie eine Ganzkörperkultur betrieben, die in der Hansestadt nur in Saunen, Spas, volkstümlichen Bistros oder Discos ohne Genderproblem beobachtet werden konnte, sie zeigten – entgegen hanseatischen Gepflogenheiten, wo man pünktlich wie die Maurer erscheint - eine große Neigung, sich so lange auf einer Bank vor der Herbergstür zu flözen, bis geöffnet wurde. Es entstand ein Assembler der Pusselregionalliga mit gefälschtem Büttencharakter und eigenen Riten.

Die allmorgendliche Eröffnung:

„Aus dem Bett gefallen, woll?"

„Nä, gesteppt."

„Wolle ma ne Runde Skat kloppe, bevor es los geht?"

„Muss erst noch Punkte in Flensburg abbauen."

Danach begann Tag für Tag ein allgemeines Chercher, was für einen Hamburger der vierten Generation so viel bedeutet: es muss schleunigst etwas passieren.

Erste Selbsthilfemaßnahme: die Frühstückszeiten wurden bis auf weiteres, aber ausnahmsweise, zu einem beinahe-rund-um-die-Uhr-Angebot mit frisch-gesunden Komponenten erweitert, das Mini- oder Maxigeldbörsen als Folge eines plein air gepinselten Intermezzos der Weltgeschichte trotz Roi-Soleil-Begleitmusik von Jean P. Rameau verschlankte.

Die kulturelle Alibinummer für die Avantgarde der Pusselregionalliga naturalisierter Hamburger der ersten und zweiten Generation nach dem Frühstück: in der „Fabrik" etwas Heldisches von Giacomo Meyerbeer. Es war die Zeit, wo sogar Haie in friedliche Steaks zerlegt wurden. Wieder einmal war ein goldenes Zeitalter angebrochen.

Die Flower Power Generation von Woodstock Nfl. war gerade dabei, ihre ansehnliche Nachfolge zu vervollkommnen. Sie hatte – über Rameau und Meyerbeer hinaus – ihren grünen Daumen entdeckt und fing an, zu Haifischsteaks die dazu passenden Wildkräuter in toskanischen Terrakottatöpfen auf handzahm zu züchten. Das Motto dafür wurde auf Spruchbändern proklamiert:

„Jeder für sich, Ceres für alle".

Rameau war mega out, Meyerbeers Giacomo mega in, aber zu opulent.

Fimobroschen und bunte Mofas zeigten die neue Bescheidenheit an. Aus dem einfachen Chercher der Pusselgründerzeit wurde zu (Alster)Wasser und zu Lande ein dezidiertes *Chercher la femme.*

LPGs für den Singlehaushalt als Startkapital für globale Aktivitäten zeugten von ungebrochenem Kaufmannssinn und machten Lust auf mehr Hanse. Man muss ja nicht immer mit Koggen durch die Gegend schippern. Es geht auch mit Trucks, Screens und illuminierten Rollerpens für alle Fälle. Ein bißchen Old Germany darf auch in Neu Hamburg sein, wenn es der Sache dient.

6

Pöseldorf und Harvestehude überstanden die Wandel der Zeit mehr schlecht als recht. Kaum, dass es die Touristenbusse heute noch für Wert erachten, den Fremden die Route anzubieten.

Zu schwierig ist es geworden, in wenigen und dennoch bildhaften Anmerkungen, Ansätze der turbulenten Geschichten zu vermitteln, die sich hinter den architektonisch pittoresk aufgepeppten, kaum noch schön zu redenden Fassaden abgespielt haben.

„Links sehen Sie – wir fahren noch etwas vor, damit Sie einen Blick erhaschen können."

Der Bus fährt nicht vor, sondern so schnell wie möglich weiter.

Demnächst werden wohl gegen Pfand an interessierte Snapshotter Rückspiegel auf Teleskopstangen verteilt, die es ermöglichen, über Rhododendronwälle und Stechpalmenhecken hinüber zu linsen, um ihre subjektiv berechtigte Neugierde zu befriedigen.

Herr Grotschy wählt die betulichere Gangart: er geht zu Fuß, um das besondere Flair von Hamburgs guter Stube aufzuspüren.

„Eine gute Stube ist eine Wohn- und Lebenseinheit, die gut belüftbar ist, weitgehend selbstreinigend funktioniert und besonders einladend wirkt, ohne dass jemand in Versuchung gerät, sich ohne Anstand niederzulassen", notiert sich Herr Grotschy und hält bei nächster Gelegenheit inne, um einen einheimisch wirkenden Werktätigen zu befragen, der des Kopfstein gepflasterten

Weges kommt, um Mülltonnen zu ordnen:

"Entschuldigen Sie, ich bin hier fremd, aber es scheint mir, dass dieses Hamburgs gute Stube ist. Würden Sie mir beipflichten können?"

„Ich sehe eher die andere Seite."

Er klopft auf eine Mülltonne.

"Kann ich davon ausgehen, dass dort keine Schätze versenkt worden sind?"

„Wie man's nimmt."

"Kennen Sie sich hier gut aus?"

„Kann man wohl sagen."

Ein Wagen der Stadtreinigung fährt an ihm vorbei.

„He!", bölkt der wortkarge Mann in Neongelborange hinter dem Müllschlucker her. Dann etwas beherrschter als Erklärung für Herrn Grotschy:

„Ich muss an Bord noch einen Klafter Sperrgut bewegen. Gucken Sie sich derweil weiter um. Wenn Sie mehr wissen wollen - entweder Sie folgen uns oder gehen halbwegs geradeaus bis zur nächsten Biegung. Da halten wir."

„Mehr als ‚Kann man wohl sagen'?"

Herr Grotschy hat seine Zweifel, ist aber neugierig und entscheidet sich für die nächste Biegung, geht halbwegs geradeaus, guckt sich intensiv um und poliert sein bisheriges Wissen auf.

7

Der Anschub für das wahrhaft tektonische Beben an Änderungen im Viertel, dessen Wucht auf der nach oben offenen Richterskala über Wien, Warschau und Moskau bis ans andere Ende der Erde - und zurück - gemessen wurde, hat mehr bewegt, als ursprünglich einerseits beabsichtigt und andererseits in seiner nicht fixierten Zeitbindung von relevanten Stellen als solches wahr genommen wurde. Es entstand der ideale Nährboden für ein fait accompli, das schnell und gründlich Schule machte. Dabei begann alles mit einer gut gemeinten, immer wieder vertagten Friedensoffensive. Keiner wollte dem Laub des Baumaltbestandes an das Grün. Die Schattenspender sollten bleiben, wo sie waren und taten es.

Dementsprechend wurde der Harvestehuder Weg nicht etwa nach Fuerteventura oder Quedlingburg verlegt, was ein Klacks gewesen wäre, sondern - um den Blutdruck von zürnenden Bürgern nicht allzu stark ansteigen zu lassen - nur in sein flächiges Umfeld. Das allerdings successive und kontinuierlich Abschnitt für Abschnitt.

Hier müsste ein Video eingespielt werden, das sich folgender Dramaturgie beugt:

Bühnenbild:

Hamburgs gute Stube in voller Blütenpracht, darin eine mit rot-weißen Schranken gesicherte Ruhezone für Wildgänse und andere Vögel.

Darsteller:

Wildgans Präsident mit Futtersuche befasst.

Wildgans Premier, hält sich als Adjutant in einigem Abstand hinter dem Präsidenten, aber nahe genug, um jedes Wort zu verstehen, was er fallen lässt, ohne eigene Futtersuche einstellen zu müssen.

Eine Legion grasender Wildgansinfanterie. Es ist spürbar still.

Naturfreund ohne Genusssucht, obgleich erst im ersten Drittel der Lebenszeit. Grundlage der Berechnung nach flüchtiger Inaugenscheinnahme: ca. 120 Jahre.

Naturfreund nähert sich der Gänselegion, ohne sein Schritttempo zu drosseln.

Präsident zu Premier:

„Auf was steht der?"

„Herr Präsident, meiner Meinung nach läuft er, Sie können mich aber gerne korrigieren, wenn Ihr achter

Sinn Ihnen etwas anderes gemeldet haben sollte."

"Das ist verdächtig. Welche Schuhgröße hat er ?

„Etwa 50."

"Links und rechts?"

„Ich müsste näher an ihn ran."

"Das unterlassen Sie besser. Wir sollten ihm aber unauffällig auf den Fersen bleiben."

Der Präsident schiebt seinen erheblichen Bug Richtung Gehweg, betritt ihn vorsichtig und watschelt resolut hinüber auf die angrenzende Rasenfläche. Dann funkt er:

„Reine Luft".

Der Premier tut es ihm nach und funkt an die Legion weiter:

"Präsident befiehlt ‚alle Bugs voraus'."

Die Legion sammelt sich am Wegesrand, hebt ab und überfliegt die Breite von rund drei Metern anstandslos. Keine Wildgans bleibt zurück. Auf dem gewonnen Gelände wird sich neu formiert, um die Gegend zu inspizieren.

Der Naturfreund hat inzwischen Land gewonnen. Er verschwindet hinter einer Hecke.

Das letzte Bild blendet eine überquellende Mülltonne mit künstlerisch gestaltetem Deckel ein: es heißt *„Stillleben mit Zeisig"* und ist mit Initialen signiert, die auf einen Namen schließen lassen, der nichts zu wünschen übrig lässt. Die lockeren Kunststoff Scharniere der Tonne zeigen, dass vergeblich versucht worden ist, den Kunstträger abzuschrauben, was Herrn Grotschy ins Grübeln bringt.

„Als ob es nicht genug Mülltonnendeckel gibt!"

„Der Meinung bin ich auch!"

Herr Grotschy gibt sich sogar noch einiges mehr zu bedenken:

„Das goldene Zeitalter von friedlichen Haifischsteaks scheint bis auf weiteres vorbei."

„Mein Herr..."

Beinahe wäre Herrn Grotschy herausgerutscht:

„Ich habe Sie erkannt."

Er lässt den Nachklang der Stimme auf sich wirken.

„Das mit dem goldenen Zeitalter und dem Verlust von Haifischsteaks haben Sie auffallend richtig erkannt, mein Herr", pflichtet er stattdessen bei. *„Man spricht in solchen Fällen auch gerne vom Herausschneiden von Torten- oder Filetstücken. Hühnerfricassée*

scheidet als Feinkostersatz selbst dann aus, wenn Eau de Genève mit zur Anwendung gekommen sein sollte."

Herr Grotschy hält gespannt inne.

"‚Hühnerfricassée' müsste auf die Stimme einen Triggereffekt haben, wenn sie es ist."

„Ich sprach von ‚friedlichen Haifischteaks, von f r i e d l i c h e n, und von ‚bis auf weiteres'."

„Wie er das ‚friedlichen" anstimmt – dagegen ist ‚bis auf weiteres' eine Prise Salz im Ozean. Es könnte ein Trigger sein, ein Supertrigger sogar." Herr Grotschy grübelt noch mehr.

„Übrigens beziehen wir sonst von Wackerbarth", vollendet die Stimme den Vortrag und versetzt Herrn Grotschy in einen Begeisterungstaumel wie er nur Wienern zueigen ist, die sich bestätigt fühlen.

8

Herr Grotschy trifft den Wagen wie verabredet an der Biegung, nicht davor und nicht dahinter. Das beweist seriöses Interesse an Hamburgs Geschichte. Zur Belohnung bekommt er ein paar wertvolle Hinweise mehr zu dem Quarré, in dem er sich befindet. „Kann man wohl sagen" hat nicht geblufft.

„Da kann man mal sehen!"

„Wie Sie's nehmen. Berlin hatte ein gewichtiges Wörtchen mitzureden."

„Was nicht grundsätzlich von Übel sein muss, wenn ich mir die Anmerkung als gebürtiger Wiener erlauben darf."

„Na ja."

„Wie darf ich das verstehen?"

„Genau so."

„Sie empfinden das Mitspracherecht von Berlin als Einmischung?"

„Kann man wohl sagen" baut sich vor Herrn Grotschy auf und hält eine regelrechte Rede:

„Und wie!"

„Und wie – ja oder nein?"

„Kann man wohl sagen" kratzt sich am dicht behaarten Schädel.

„Wie man es will - in der Hauptstadt unserer schön föderalen Republik Deutschland kann jedenfalls auf hanseatische Bedenken Rücksicht genommen werden, wenn man will."

„Nur, wenn's konveniert oder ganz generell?"

„Ich sagte bereits: wenn man will."

„Das habe ich missverstanden – und wollte man?"

„Man wollte, sogar lange Jahre. Während dieser, sich in immer neuen Dehnungen hinziehenden, Schmacht- und Schmachphase war mit dem Denkmalschutzamt in der genauso tiefsinnig wie bitter ironisch als ‚freie und Abbruchstadt Hamburg' titulierten Elbmetropole im Norden Deutschlands diskutiert worden, was mit den Liegenschaften des Bundes an der Sophienterrasse geschehen soll, die bis hinunter an den Harvestehuder Weg reichen."

Bedeutsame Pause.

„Ich habe übrigens Wasser- und Abfallwirtschaft studiert."

„Aha – sehr interessant. Sie machen also ein Praktikum? Wir haben dafür den Prater. Da fangt alles an und kommt beinahe alles zum Schwur, bevor es ein Ende nimmt."

„So weit ich informiert bin, ist das auch keine Sache von Einsteigen und nach zwei Runden wieder Abklingeln."

Herr Grotschy nickt.

„Sowieso sollt man's möglichst nicht mehr als einmal auf dieselbe Sache schwören."

„Kann man wohl sagen" nickt.

„Auch in Sachen Sophienterrasse ist nichts über das Knie gebrochen worden. In Berlin nicht, wo man gerne mal schlankweg entscheidet und in Hamburg, wo Knie schon aus Gründen des Anstandes tabu ist, erst recht nicht. Manch einer mochte sich vor dem Hintergrund gefragt haben, wo der Hanseat in seiner Nadelstreifen- und Bowler Anatomie die berühmte Langmut versteckt hält, damit man ihr zu gegebener Zeit auf eine relevante

Spur in der Loipe kommen kann, die kein Neidthema von Alpinisten ohne Skiferien ist, sondern ein kollegialer Wettbewerb unter wirklichen und Nenn-Kontoristen mit Stehpult."

„Sie möchten also in unserer schönen Alpenrepublik Brettl fahren – wann , bitt'schön haben Sie mit dem diesbezüglichen Training begonnen?"

„Ich bin Kaufmann und nutze jede Minute für das Geschäft."

„Sehen's das kann nur Schaden anrichten. Sie kommen vorübergehend zum Nordic Walking in den Brettl Preparatory Course."

„Mit Leihskiern?"

„Mein Herr, wo kämen wir dahin. Es gibt Wörter, die kann man kaum aussprechen, geschweige denn schreiben. Warum sollen wir ihre Bedeutung überstrapazieren?

Wir Österreicher haben eine praktische Regelung getroffen: Sie erwerben ein Paar gute, österreichische Brettl und begeben sich unter Pro-Obhut auf die von uns markierte Piste."

Herr Grotschy als Kenner sowohl der Kontoristen- als auch der Stehpultgemeinde nennt sogar zwei dieser Möbelteile sein eigen. Eines davon ist ein antiquarischer Reiseschreibkasten mit Messingbeschlägen und Sicherheitsschlössern, der als ‚Traveller Desk' angeboten wurde. Er beherbergt mehrere wichtige Utensilien:

-eine handliche Petschaft und roten Siegellack

-ein porzellanenes Tintenfässchen mit getrockneten Resten grüner Schreibflüssigkeit aus dem vergangenen Jahrhundert

-eine Federschale, auf der Schreibgeräte wie appetitliche Siltfilets angeordnet sind, sowie

-einen alten Handfächer mit Straußenfedern auf Schildpatt. Er dient ihm in wichtigen Gesprächen als Gedankenstimulation, wenn sich zur Mittagszeit eine gewisse Trägkeit einstellt, die es zu überwinden gilt, weil kniffelige Arbeit auf ihn wartet.

Es ist eine voluminöse Expertise mit zahlreichen Beweisfotos zum Zustand von Liegenschaften und Immobilien des Bundes an der Sophienterrasse vor und nach dem 2. Weltkrieg.

9

Was war geschehen?

Herrn Grotschys besonderes Augenmerk ist aus ihm selber nicht erfindlichen Gründen, auf eine alte Villa im italienischen Landhausstil gerichtet, die – dem vorliegenden, reich bebilderten Bericht zufolge - hinter Imker betreuten Bienenstöcken, umgeben von Wiesenschaumkraut und spielerisch flüchtigen Pusteblumen, in einem vergessenen Leerstand zu schlummern und darauf zu warten schien, bei Mandolinen- und Mondenschein wach geküsst zu werden.

„Ein stürmischer Liebhaber!", denkt Herr Grotschy und betrachtet ein Bild, das einen brutalen Kussfleck preisgibt.

Wie das?

Ein Mahlstrom von Erdbewegungen war durch eine Firma für diffizile Aufgaben mit Spezialgeräten des Kampfmittelräumdienstes in Gang gesetzt worden.

Als erstes wurden die Bienen umgesiedelt. Dann planierten Riesenbagger eine Schneise in das Wiesenschaumkraut und die Pusteblumen, bis auch der letzte Halm geknickt war. Die Villa wurde abgerissen und an ihrer Stelle eine Baugrube ausgehoben. Der Aushub war meterhoch und bot sich als historischer Berg und Tal-Lunapark an.

Die ein- bis mehrmalige Chance zur Befriedigung von Abenteuergelüsten wurde nicht umfänglich wahrgenommen. Die Neuinhaber von Wildkräuter- und Körner LPGs mit toskanischen Terracottatöpfen – inzwischen aus eigener

Herstellung - hatten offenbar gerade alle Hände voll zu tun, ihre Existenzen woanders zu sichern.

Auch davon ist eine nicht ganz scharfe Bilddokumentation beigefügt, über die sich Herr Grotschy beugt, um sich mit der Physionomie der nicht beteiligten Beteiligten oder auch beteiligten Nichtbeteiligten vertraut zu machen und herauszufinden, ob entweder die einen oder anderen – eventuell sogar beide - in Übereinstimmung mit Charakterzügen sind, die in Anekdoten als „typisch hanseatisch" kursieren und kann nichts Alarmierendes von nicht bereits bekannter Bedeutung feststellen.

Die Frage aller Fragen ist für Herrn Grotschy dennoch und gerade deswegen:

"Wie schlüssele ich als auswärtiger Fußgänger die hiesige Sozio-Infrastruktur für mich in einer angenehmen Weise geschickt auf, dass ich soviel wie möglich an Recherchen in Eigenarbeit beschicken kann und dabei so wenig Energie fressende Zeit wie nötig aufwenden muss."

„Am besten überhaupt nicht", würde der Bezirksamtsangestellte antworten und auf den Grindel verweisen, der so ebenerdig ist, dass nicht einmal dem größten Dämellack einfallen würde, er wäre im Hochgebirge.

„Dämellack?", würde Herr Grotschy indigniert und ohne eine Miene zu verziehen zurückfragen. *‚D e m e l l a c k', bitt'schön, was ist das nach Ihrem werten Verständnis?"*

„Es heißt ‚D ä m e l l a c k' und kommt aus der Umgangssprache."

„*Und was soll Ihr ‚D ä m e l   L a c k'
bedeuten?"*

„D ä m e l l a c k" passt nicht in voller Breite zwischen Herrn Grotschys Lippen.

„‚Dämellack' ist jemand, der zur Unzeit Fragen stellt."

Herr Grotschy wünscht einen guten Tag und fühlt sich – rein vom Sprachschatz her - bereichert, ist aber auch gewarnt, dass Energieersparnis bei horizontaler wie vertikaler Tiefenforschung in Pöseldorf und Harvestehude aufhört.

10

Am Harvestehuder Weg ist es nicht mit dem Studium der Hausnummern im einzelnen, en bloc oder en suite getan. Die Topographie der Gegend gemahnt an Teilstrecken der Abzweige von Italiens Autobahn durch die Reisfelder der Po Tiefebene, die von Como und Bergamo kommend an pittoresken Landgütern vorbei nach Padua führen, wo jeder, der auf sich hält – so hat Herr Grotschy sich sagen lassen - einen Zwischenstopp einlegt. Herr Grotschy hält einiges auf sich. Diese seine Haltung stammt aus der Zeit, als ihm nach einer Kulturséance nahe gelegt wurde, nach Padua zum Heiligen Antonius, dem Schutzheilige aller Vergesslichen zu pilgern.

„Wegen dieses albernen Streits über Vers und Strophe bei Kunstliedern! Es muss sich nicht alles reimen, nur damit der Dichter auch noch im Jenseits behält, was er verfasst hat! Was soll Padua daran ändern können?"

„Gar nichts."

„Gut, dass Sie das sagen! Ich wollte nämlich ursprünglich gar nicht nach Padua, und so schnell erst recht nicht. Irgendwann wollte ich mal nach Modena, aber das ist eine ganz andere Geschichte."

„Sie können sich doch jetzt noch, wo Ihnen der Irrtum aufgefallen ist, nach Modena begeben. Die Verbindungen sind gerade von Padua aus hervorragend."

„Sie mit Ihrer oberitalienischen Horizontalgeographie bringen mich noch komplett durcheinander."

„Von Padua nach Modena – vertikal, per favore."

„Grotschy, ich heiße Grotschy - was wollte ich eben noch sagen?"

„Das kann ich beim besten Willen nicht wissen. Sie hätten es mir vorher sagen sollen, was Sie sagen wollten."

Herr Grotschy lässt es sich nicht nehmen, mit seinem eigenen Gedächtnis zu rechten.

„Das Gedächtnis fängt im Kopf und nicht auf der Zunge an."

„Das wage ich anzuzweifeln. Bei mir fängt das Gedächtnis vorher an. Es ist eine Art Anlage."

Er hält mit seinem Zwiegespräch inne und kehrt in der Trattoria „Luciano" ein, um sich zu laben und nach Gedächtnisstützen zu fragen. Es sind Sommerferien, die stressigste Zeit im Jahr. Trotzdem heißt es: „Benvenuto".

Der Padrone ist bis über beide Ohren geschäftig überarbeitet, was Herr Grotschy meint daran zu erkennen, dass er trotz aller Geschäftigkeit nicht singt, wo doch beinahe jeder Nordländer nur deshalb nach Italien fährt, um singende Padrone zu erleben und sich sowohl von ihrer Geschäftigkeit als auch ihrer Musikalität anstecken zu lassen. Stattdessen bekommt er wortlos Gedeck und zwei fabrikneue, hygienisch verpackte Gebäckstangen aus Weizenmehl – Grissini – vor sein markantes Riechorgan gestellt.

„*Aqua?*"

„Si."

„*Eine Butille?*"

„Si si."

Herr Grotschy ist ein dankbarer Tourist. Er knabbert und trinkt langsam und bedächtig. Auf die Idee, weiteres zu bestellen, kommt er nicht. Er will nicht lästig werden. Schließlich fragt er lächelnd mit „prego" nach dem „conto" und nach dem Heiligen Antonius.

„In Padova."

„Aha – Padua."

„Si, Padova."

Herr Grotschy ist in Padua. Das Problem der Gedächtnisfindung ist also nah genug, um sich ihm mit Gelassenheit nähern zu können.

„Dove - wo?"

Der Padrone von der Trattoria „Luciano" beschreibt mit beiden Armen einen Radius, der anzeigen könnte, das der Heilige Antonius in nächster Nachbarschaft zu Hause ist, was Herr Grotschy für nicht unmöglich, aber für relativ unwahrscheinlich hält. Es ist von einer „eglesia d'importanza" die Rede, was Herr Grotschy dahingehend interpretiert, dass es sich um wohl eine wichtige „ecclesia" handeln muss.

Er lässt die Worte des Padrone auf sich wirken, macht daraufhin einen Stadtrundgang auf eigene Faust und entdeckt zum glücklichen Schluss den Heiligen Antonius in der Kathedrale, wo alles auf andächtige Vergesslichkeit focussiert ist, die einzig von Kerzen beleuchtet wird.

Selbst Herr Grotschy als Nichtlateiner muss im vertraulichen Gespräch mit dem Heiligen kaum mehr Angaben machen als unbedingt nötig, um herauszufiltern, wo, wann und wie ihm geholfen werden kann.

Genau genommen möchte er die Kleinigkeit, online einen präzisen Kompass als Gedächtnis App mit allen zur Verfügung stehenden updates erwerben können, um sicher zu gehen, dass er – upgedated - dort ist, wo er meint, sein Gedächtnis das letzte Mal unverfälscht angetroffen zu haben.

„In Ordnung", sagt der Heilige Antonius. Sie müssen an meine Kräfte glauben.

„Und danach gehen wir lecker essen. Ich habe gerade die nette Trattoria ‚Luciano' kennen gelernt, wo man von Ihnen schwärmt."

„ ‚Luciano?' Auch jemand mit kurzem Gedächtnis?"

„Das würde ich nicht sagen. Ich habe sofort ein Gedeck, Grissini und Wasser bekommen."

„Und?"

„Dann habe nach der Rechnung und nach Ihnen gefragt."

„*Großartig! Da werde ich auch mal vorbei schauen. Wissen Sie was, kommen Sie recht bald wieder und berichten, wie es Ihnen ergangen ist, als Sie anfingen zu glauben.*"

Herr Grotschy stimmt zu. Er ist gemäßigt gläubig, nimmt sich aber vor, daran zu arbeiten.

„Meine Herrschaften, bitt'schön, Silentium! Ich habe eine SMS vom Heiligen Antonius von Padua.

S i l e n t i u m !

„*Beherzigen Sie: Lage, Lage, Lage, Geselligkeit, Geselligkeit und nochmals Geselligkeit.*"

Das Silentium lässt nicht lange auf sich warten. Ihm wird trotzdem das Wort erteilt.

„Erstes Gebot."

Kleine leise Pause.

„Nimm alle und alles ernst wie dich selber."

Große leise Pause.

„Zweites Gebot."

Herr Grotschy hebt die Stimme.

„Nimm nicht alles krumm, selbst wenn nichts mehr zu begradigen scheint. Es könnte sich um eine Biegung handeln, hinter der endlich die begehrte Hochkonjunktur für Stimmungsmacher darauf wartet, eingemeindet zu werden."

Lange, sehr stille Pause. Er späht nach einem Dichter aus dem Jenseits, der seinen Text vergessen hat. Dann mit einem gedachten „tante grazie" an den Heiligen Antonius zum Auditorium gewandt:

„Vielen Dank für Ihre unablässige Aufmerksamkeit."

Er verbeugt sich und schaut dabei aus seinem Wohnzimmerfenster. Das Silentium hat sich über den Stadtteil gebreitet.

„Entschuldigen Sie, so hatte ich das nicht gemeint."

„Da nicht für", beruhigt ihn der klerikale Wetterhahn. *„Es ist Sonntag. Haben Sie das noch nicht gemerkt?"*

„Überall?"

„Ich kann nicht klagen."

11

Das System des Antonius Padovese lässt Zweifel an der Funktionstüchtigkeit einer Marktwirtschaft der Geselligkeiten in Kombination mit Beachtung von Lagen nicht direkt aufkommen, aber – unter allen Vorbehalten - als Möglichkeit zu. Teelichte gibt es zuhauft, fehlt nur noch das meiste von allem anderen. Nicht jedem ist ein Kirchturm gegeben.

Herr Grotschy hatte nach Teilnahme an zahlreichen Primärlagen gemeint beobachten zu können, dass der Wunsch nur sehr bedingt einer Strategie folgt und nicht immer Mutter des Gedanken ist, vielmehr zur mater familias immer auch ein pater gehört, wie

Humanmediziner aller Fachrichtungen übereinstimmend bestätigen, was sonst selten genug vorkommt.

Er hat aus jeweils gegebenem Anlass zur Bereinigung seines Meinungsrasters mehrere Kliniken aufgesucht, sich hier und da als Logiergast mit Frühstück und Abendessen einquartieren lassen und sich auch Zeit genommen, den Doktores an der Patientenfront ein Wort zu ihrer Arbeit zu gönnen, wobei er sich Anlaufadressen von Rang gesucht hat, die auf ihn Vertrauen erweckend wirken und darüber hinaus gut erreichbar sind.

Ein Name begleitet ihn seit Wien wie Donnerhall: Kassenlos. Alle männlichen Kassenlos Nachkommen tragen als ersten Vornamen

Benjamin, so dass es zwar einen Dr. med. Benjamin Kassenlos sen. und einen Dr. med. Benjamin jun. an einem Ort gibt, aber darüber hinaus ein Namenskonglomerat von Kassenlos Angehörigen in Verbindung mit Ludwigen, Bernharden oder Klaussen wie auch den Ortsnamen ihrer Ansässigkeit.

So hat Herr Grotschy bereits einen Dr. med. Benjamin Herwart Kászenlózs-Baden kennen gelernt und auch einen Dr. med. Dr. Ing. Benjamin Kaßenlos-Mettmàn. Alle sind Aeskulap Jünger.

Auch in Hamburg gibt es einen Dr. med. Kassenlos, Dr. med. Benjamin Winfried Kassenlos, dem Herr Grotschy mit viel Hoffnung und Respekt seine Aufwartung macht.

Er wird freundlich empfangen und in das Wartezimmer gebeten, wo er sich gut und schnell akklimatisiert, etwas Konversation betreibt, die Bilder an den Wänden studiert und den Gesprächen von Mitpatienten lauscht, bis Dr. Kassenlos ihn ruft.

„Herr Grotschy? Bitte hinten links. Sie können schon mal Platz nehmen. Ich bin gleich bei Ihnen."

Herr Grotschy findet mehrere Türen hinten links, schaut in die eine rein, öffnet einen Spalt der anderen erst ein wenig, fast gar nicht, dann etwas mehr, noch weiter und viel weiter - bis Dr. Kassenlos ihn wie ein verirrtes Huhn einfängt und ihn in das richtige Sprechzimmer scheucht, was starke Gegenwehr provoziert.

„Herr Doktor, das eben mit der halb entkleideten Dame auf der Liege in dem kleinen Zimmerchen war mir sehr unangenehm - könnte es sein, dass der

Regenschirm auf der Hutablage der Garderobe in Ihrem Wartezimmer vermisst wird?"

Dr. Kassenlos wirft einen scharfen Blick über seine Halbbrille.

„Wenn dem so ist - dann machen Sie mal den Mund auf."

„Ich habe nichts im Mund."

„Das kann ich am besten selber sehen."

„Dann kann ich mich nicht mehr mit Ihnen unterhalten."

„Sie suchen also Geselligkeit?"

Dr. Kassenlos nimmt die Brille ab, putzt sie flüchtig, legt sie zur Seite und notiert etwas im PC, was Herr Grotschy als rein virtuelle Geselligkeit akzeptieren würde, wenn der Eintrag mit Sehhilfe zustande gekommen wäre.

„Herr Doktor…"

Herr Grotschy beginnt gläubig leise, wie vom Heiligen Antonius gelernt:

"...könnt ich bitt'schön wissen, was Sie sich notiert haben. Sehen's ich hab' schon mehrere Einträge. Alle in Wien. Einer in Deutschland wäre genau richtig, ein falscher hingegen eine Katastrophe."

Dr. Kassenlos betrachtet, was er geschrieben hat.

„Ich habe dokumentiert, dass Sie Geselligkeit suchen. Der Befund allein kann nicht als pathologisch angesehen werden, eher als Beginn einer Reaktion auf Klimaumstellungen. Sie kommen direkt aus Wien, nicht wahr?"

"Direkt vor ungefähr einer Woche - darf ich mal sehen?"

Dr. Kassenlos dreht den PC zu Herrn Grotschy.

„Sehen's Herr Doktor – ich habe es geahnt. ‚Grotschy' zum Beispiel ist schon mal falsch geschrieben. Ich trage kein ˇ auf dem ‚o' und ‚y'. Darf ich fragen, woher Sie stammen? Ich kenne von früher einen Dr. med. Kászenlózs-Baden. Sein Großvater war Obermedizinalrat in der Walachei."

„Interessant."

Dr. med. Benjamin Winfried Kassenlos hüllt sich einen langen Moment in Schweigen.

„Da muss erst …wie sind Sie denn auf mich gekommen? Einfach so auf blauen Dunst hin oder wohnen Sie in der Nähe?"

„Wissen's Herr Doktor, ich komme ja aus Wien. Da hat man seine Grundsätze und wohnen tue ich auch in der Nähe."

„Sie haben bereits in Wien nach einem Arzt in Hamburg geschaut?"

„*Nach einem vertrauten Namen.*"

Dr. Kassenlos lächelt.

„Da muss doch erst ein..."

Er wirft einen Blick auf den PC.

„...ein Wiener Grotschy kommen, damit ich nach Jahrzehnten etwas von meinen Verwandten aus der Walachei erfahre!"

Er setzt die Brille auf.

„So viel ich weiß, wurde der Obermedizinalrat in Warschau geboren und hat in Prag studiert, bevor er auswanderte."

„*Dann wäre er ja beinahe Wiener gewesen!*"

„Fühlen Sie sich nicht wohl?"

„*Ich will nicht unbescheiden sein...*"

Der Doktor dreht den PC zu sich hin und schreibt etwas.

"Herr Doktor - das sollten Sie wirklich nicht aufschreiben. Das ist es doch nicht wert."

"Ich verstehe nicht..."

"Dass ich nicht unbescheiden sein will."

"Können Sie mir das erklären?"

Wieder wird etwas in den PC eingegeben. Herr Grotschy runzelt die Stirn und nimmt die Finger von der Tischkante.

"Herr Doktor – oder sind Sie Rat?

Schweigen.

"Wie dem auch sei - ich mache einen Vorschlag."

Schweigen.

"Doch Herr Rat? Ich möchte nicht fehl gehen...bei uns in Wien..."

"Wir sind nicht so umständlich, wie Sie annehmen."

"Genau das möchte ich vermeiden."

„Was kann ich noch für Sie tun?"

„Eigentlich gar nichts."

„Ich gebe Ihnen ein Rezept."

Dr. Kassenlos nimmt ein Formular und schreibt etwas auf.

„Herr Doktor..."

„Keine Ursache."

„...das mit dem ‚beinahe Wiener' war eine Grobheit. Das wollt ich noch g'sagt haben, aber der ‚Wiener Grotschy' war auch nicht schön."

Dr. Kassenlos steht auf und reicht Herrn Grotschy die Hand.

„Lassen Sie sich einen Termin für die 31. Woche geben."

12

Herrn Grotschy hat die Audienz bei Dr. Kassenlos sehr beeindruckt und will nunmehr weiter in die Zeitgeschichte eintauchen, wofür er sich an seinen Traveller Desk begeben hat und nach eingehender Betrachtung des Rezeptes die ihm dort anvertraute Nummer in grüner Tinte anwählt, worauf er die freundliche Stimme des Doktors vernimmt:

„Kassenlos – mit wem spreche ich?"

„Hier ist Grotschy. Ich bin soeben aus Ihrer Praxis gekommen, wo Sie sich notiert haben, dass ich mich unterhalten möchte."

„Ich erinnere mich. Sie waren der mit einer als fehlend monierten Geselligkeit. Wenn Sie mir dazu noch etwas sagen möchten, lassen Sie sich bitte einen Termin geben."

"Ich habe bereits einen für die 31. Woche. Geht es noch schneller?"

„Je nach Dringlichkeit."

Herr Grotschy betrachtet das Rezept und stellt sein Tintenfässchen daneben.

„Also, Herr Doktor, ich will nicht sagen, dass es enorm pressiert, aber dringlich ist es schon. Ich kann sonst nicht recht weiter."

„Die Vorprüfungen sind genauso wichtig wie die Nachprüfungen. In der Hauptsache kurieren wir. Die Vorprüfung bei Ihnen haben wir ja hinter uns."

„Wir!" Herr Grotschy lächelt in sich hinein.

„Sehr wohl, Herr Doktor. Ich habe die Geselligkeitsvorprüfung beherzigt, ich

könnte beinahe sagen: absolviert. Würden Sie jetzt gerade ein, zwei Minuten erübrigen können und ein ganz klein wenig kurieren?"

„Um was handelt es sich denn, dass ein salvatorischer Akt per Telefon notwendig wird?"

Dr. Kassenlos klingt abwartend neugierig. Herr Grotschy ist ein Typ und Typen mag er, sonst wäre hier bereits Ende des Gesprächs.

„Ich möchte wissen, wo ich die Tinte beziehen kann, die Sie benutzt haben, um mir das Rezept auszustellen."

„Die Tinte...warten Sie..."

Eine Schublade wird aufgezogen.

„Die Tinte heißt ‚Bertil Smaragd'. Sie brauchen nur ein einziges Fass. Das hält ewig. Ich habe meines vor Jahren von einem Brasilianer geschenkt bekommen.

Er stand eines Tages als neuer Patient in meiner Praxis und wollte umgehend eine Konsultation. Sein Name tut nichts zur Sache. Er hatte ihn angenommen. Ich habe nur ein paar Sätze mit ihm gewechselt, um herauszufinden, was ihm fehlt. Er bedankte sich, bezahlte bar – interessanterweise in Dollars - und versprach, sich zu melden. Das tat er ein paar Monate später durch einen Gesandten."

Herrn Grotschy ist, als habe er genau diese - oder doch eine ähnliche - Geschichte schon mal gehört, weiß aber aus dem Stand nicht einzuordnen, wo, wann und von wem.

„War der Brasilianer deutscher Abstammung?"

„Mein Patient war noch vor 1933 von Deutschland nach Südamerika ausgewandert und hatte in Brasiliens grüner Hölle ein Vermögen erworben. Als Dank für meine spontane Hilfe bekam ich als Erinnerung daran das Tintenfass mit ‚Bertil Smaragd' überreicht, ein üppig verziertes Gefäß von barocker Größe und Gestalt. Die Anschrift des Absenders war leider unleserlich. Deswegen vermag ich nicht, Ihnen die genaue Bezugsquelle zu nennen. Die Dollars, die ich damals als Arzthonorar bekam, habe ich übrigens noch."

„ ‚Bertil Smaragd'...

Wissen Sie, Herr Doktor, ich habe ein Tintenfässchen aus Porzellan mit eingetrocknetem ‚Bertil Smaragd'. Ob ich es bei Ihnen auffüllen kann? Eine Pipette voll würde reichen."

Dr. med. Benjamin Winfried Kassenlos zögert.

„Nicht, dass ich nicht wollte. Ich meine nur, es wäre beinahe ein Verbrechen, eine getrocknete ‚Bertil Smaragd' Schicht zu verflüssigen. Wer kann schon so eine Konsistenz sein eigen nennen?"

Das Fragezeichen ist so bedeutungsvoll, dass Herr Grotschy ganz andächtig wird.

„Sie könnten...", fährt Dr. Kassenlos in der ihm eigenen Besonnenheit fort „...wenn Sie geschickt genug sind, durch vorsichtiges Schürfen mögliche Maserungen und Schriftansätze sichtbar machen, ohne den Smaragdanteil am Bertil in seiner Urform verletzen zu müssen. Ist Ihre Feinmotorik gut ausgeprägt?"

Herr Grotschy seufzt, was Dr. med. Kassenlos alarmiert.

„Bevor Sie an Ihren ‚Bertil Smaragd' gehen, kommen Sie lieber in die Praxis zur Überprüfung der Feinmotorik Ihrer Hände. Es wäre ein Jammer, wenn etwas schief gehen würde. Nach Ihren Beschreibungen muss das Tintenfässchen, von dem Sie sprechen, sehr alt sein."

„Sehr wohl, Herr Doktor. Es ist aus Wien und hat bereits dem Herrn Haydn gedient."

Dr. Kassenlos stellt das barocke Teil von seinem Brazileiro geräuschvoll in die Schublade und schiebt sie zu.

„Das klingt interessant. Lassen Sie sich einen Termin im Kurierzeitraum geben. Es sagen immer mal Patienten ab. Ich nehme mir dann ein paar Minuten mehr als üblich.

„Muss ich bis dahin Handschuhe tragen?"

„Sie haben als Beruf ‚Musikforscher' und nicht Einstimmer angegeben."

„Sehr wohl. Ich forsche normalerweise ohne Handschuhe. Da habe ich mich aber auch noch nicht mit der Feinmotorik konfrontiert gesehen."

„Dann vergessen Sie die Konfrontation mal so lange, bis Sie hier sind und gehen Ihren Tätigkeiten nach wie sonst. Ich stelle jetzt zur Rezeption durch."

Es ist erst die 29. Woche, aber Herr Grotschy bekommt einen Termin am nächsten Abend. Das ist der am Donnerstag. Bis dahin gedenkt er, noch einige Recherchen zu tätigen.

Er schiebt eine CD in seinen media player, eine verbale Illustration der Freien und Hansestadt Hamburg mit Geräuschkulisse vom Magnetband im Stil eines Hörspiels.

Ihr Schwerpunkt: die zur einzig wahren Geschichte Hammonias, der Sachsen Göttin und Schutzherrin Hamburgs erhobene Geschichte wie auch diverse Schlaglichter auf deren hammonianische Kultur und – als Manifestation beider bislang angenommenen Wahrheiten - ihr formvollendet progressiver Städtebau vom Palisaden befestigten Kral bis zur derzeit angesagten Hochhausgeneration rings um den seit Hammonias Gedenken bestehenden Grünflächenbestand herum.

13

„Von der Stadtmitte über die kurze Ungerade des Harvestehuder Weges kommend, die wegen der Kürze wie Würze seiner Besonderheit einen Eigennamen führt und nach Art Hamburgischer Untertreibung einfach, praktisch unvergessbar „Alsterufer" heißt, sind die wichtigsten Zubringerstraßen..."

Die Stimme ist nicht zu hell und nicht zu dunkel, könnte aber für Herrn Grotschys sensiblen Musikforscher Geschmack etwas geschmeidiger sein, um eine Relation zu den Beschreibungen des Nobelviertels herzustellen, dessen Charakter der einer Luxusschlafstätte in ständiger Bereitschaft oder mit einem zum Alkoven umbauten Wohnbüro hat.

Herr Grotschy stellt sich eine jüngere Tochter Hammonias in Dunkelblau mit twillseidenem Halstuch nach Art von Stewardessen auf Inlandsflug vor, ein Tablett voller CDs für etwaigen Bedarf bei Touristen, die noch nicht per Flyer erreicht worden sind, vor sich her balancierend. Alles in allem: eine Marketingschöpfung nach Art von Hummel, einem bekannten Hamburger Original, seines Zeichens Wasserträger, von dem nicht überliefert ist, ob er unter seinem Zylinder blonde, braune oder schwarze Haare hatte, wenn nicht gar weißhaarig geboren wurde. Sicher ist, dass er nicht mit einem weiteren Hamburger Original, der Zitronen-Jette verheiratet war, wie Touristen gerne glauben gemacht wird, aber sich um sie verdient gemacht hat, als die Hansestadt mit einem zeitlich unbegrenzten Südfrüchteembargo belegt wurde, was sie als Hafenstadt hart traf.

Die Stimme von der CD klingt mittelblond und hat mehrere stramm geflochtene Zöpfe:

„...die Alsterterrassen mit Abzweig Warburgstraße."

Herr Grotschy spult noch mal zurück, um den Anschluss an die Einleitung über die krumme Gerade des Harvestehuder Weges zu bekommen.

„Der guten Ordnung halber verdient der Abzweig Warburgstraße besondere Erwähnung."

Herr Grotschy zeichnet mit dem Zeigefinger der rechten Hand das Alsterufer auf einem Mini Stadtplan nach, verharrt am Ruderclub mit Yachthafen und sucht sich einen Liegeplatz. Die Karte dümpelt in seiner linken Hand, der rechte Zeigefinger dümpelt mit.

„Die Warburg-Straße ist nach einer der bedeutendsten Hamburger Bankiers- und Mäzenatenfamilien benannt", heißt es wie in Acryl auf Holzschnitt oder Nagellack auf Laufmasche.

„Über viele Jahrzehnte lebte hier eine bedeutende Buchhandlung, deren Inhaber Förderer des renommierten Künstlers Horst Janssen war. Bitte rechts schauen."

Herr Grotschy schaut von seinem Standpunkt aus links. Dort ist ein bedeutender Kiosk.

„Janssen wohnte und arbeitete - je nach Personenstand - in und bei Hamburg, fand aber nach Jahrzehnten eines Janssen Hypes ohne gleichen post mortem nicht mehr genügend Anerkennung, so dass ein ihm gewidmetes Museum nach Ostfriesland hinter dem Deich (OF h.d.D.), verloren ging. Danach waren seine Werke gefragter denn je zuvor."

Die Mittelblonde macht einen unausgesprochenen Punkt.

Dann: „Geradeaus blicken Sie jetzt auf die Fontenay."

Herr Grotschy hält es für opportun, nicht auf die Fontenay, sondern in sich hinein zu schauen. Janssen interessiert ihn. Er hält ihn für das deutsche Pendant vom Wiener Fuchs, dem Ernstl. Beide waren Kreuz- und Querreflektoren. Beide waren genauso unbeherrschbar wie pedantisch auf gegenseitige Abgrenzung und zu anderen Künstlern bedacht. Noch nicht einmal die Frauen und Musen nahm man sich gegenseitig ab, was Herr Grotschy unsozial findet.

Er denkt an den Spender von „Bertil Smaragd" aus Brasilien und dessen Kontakt zu Dr. med. Benjamin Winfried Kassenlos mit einer Praxis, die von Kunstverständnis nur so strotzt.

Er denkt an die vielen Möglichkeiten für den Ernstl, der schon immer gut mit Mythen und Mystik umgehen konnte und eine Reihe von Kassenlos Herrschaften zu seinen Kunden zählte, die ebenfalls gut mit Mythen und Mystik umgehen konnten, während der Horst es wohl eher mit Wasser, Wind und Wellen hatte, aus denen er Raritäten heraus fischte.

„Man kann sich irren, selbst ich", denkt Herr Grotschy in weiser Selbstbeschränkung. *„Vielleicht war*

der Horst sogar insgeheim ein viel größerer Kassenlos Lieferant als der Fuchs". Er bestaunt die üppig ausgestaltete Fassade des Gebäudes mit dem Flair humanistischer Erhabenheit, die Fantasien beflügelt, ohne ihnen Gelegenheit zu geben, sich zu verselbstständigen.

„*Es könnte sich mit einiger Wahrscheinlichkeit bei dem Fuchs und dem Janssen in Eintracht mit Bertil Smaragd um einen noch weitaus erheblicheren Fall von vernachlässigtem Denkmalschutz als bei der kleinen Villa handeln*", ist eine seiner Hypothesen.

„So ist das in Hammonias Landen. So kann es sein, muss es aber nicht, wenn man den Multi Konzernen glaubt, die sich an den Alsterterrassen niedergelassen haben und keineswegs der Dinge harren, die da kommen könnten."

Herr Grotschy harrt sehr heftig.

„Sie treffen entweder durch Versicherungspolicen oder durch fachkundige Betriebsberatung Vorsorge, was so gut wie eine Police ist. Ob Bilder dafür in Zahlung genommen wurden, wie einst vom Senior Inhaber der renommierten Buchhandlung, die Sie soeben auf der linken Seite verlassen haben..."

Herr Grotschy hat gar nichts verlassen, weder links noch rechts. Selbst den Kiosk hat er verschmäht, wo er doch sonst die Auslagen jedes Kiosks wie eine Leihbibliothek studiert.

Er sitzt vielmehr in seinem Sessel zu Hause und lässt alle Informationen wieder und wieder Revue passieren, um begreifen zu können, was eigentlich nicht begreifbar ist und wundert sich ein ums andere

Mal, wo die eloquente Mittelblonde wohl gestanden haben mochte, als sie ihre Moderation ins Mikrofon sprach, um Hamburg Fremden schmackhafter zu machen.

„...und des Künstlers Lieblingskneipe, ist nicht überliefert."

„Wenn sie wenigstens so originell sein würde, den Namen der Kneipe zu verraten."

Hammonias Tochter will oder kann nicht originell sein. Sie ist schließlich im dienstlichen Auftrag unterwegs, was Herr Grotschy ihr nicht durchgehen lassen mag.

„Um wieviel unterhaltsamer und auch wichtiger wäre es zu hören: ‚Der Krug ‚Zur Amaryllis' übte unwiderstehliche Anziehungskraft auf Janssen aus.'"

Herr Grotschy horcht. Nichts übt auf ihn derzeit rein verbal unwiderstehliche Anziehungskraft aus. Er kann die vernachlässigte Beschreibung der Janssen'schen Künstlerkneipe nicht begreifen und lässt nicht locker:

"Sie kennen keinen ‚Gläsernen Krug zur goldenen Amaryllis?"

„Der Baumbestand rund um die Warburgstraße..."

„Ich habe keinen Baumbestand gesehen. Könnte es stattdessen einen Ausschank ‚Zum goldenen Krug der gläsernen Amaryllis' gegegeben haben?"

„...wird jährlich von vielen Naturfreunden und Botanikern besucht, die ihre Studien zu vollenden gedenken."

„Nicht so schnell, Verehrteste. Eine Dame nimmt nicht die allerwertesten Beine unter die Arme, erst recht nicht, wenn es um geschichtliche Beglaubigungen geht!

Wo, bitt'schön, ist denn nun die berühmte Kneipe des noch berühmteren Künstlers und anderer Stadt bekannter Geistesgrössen, die zu erwähnen Sie nicht für notwendig erachten?"

„Die Grünfläche ist wegen seiner Schattenspender eine begehrte Ruhezone."

„Nur der Horst mit sich und seinen Bildern?"

„Die Verkehrsgeschwindigkeit ist hier zu Wasser und zu Lande kontrolliert reduziert."

„Ach was, nicht mit seinen Bildern, sondern nur mit Bleistift und Füllfederhalter?"

Herr Grotschy streichelt die Straussenfedern.

„Wissen's gnädige Frau, ich bin mehr als einmal die Warburgstraße rauf und runter und habe mich jedes Mal auf

dem pedikürten Rasen an der Neuen Rabenstraße positioniert, um nach einer Künstlerkneipe Ausschau zu halten - können Sie mir folgen?"

Die gnädige Frau weiß darauf keine Antwort, was Herrn Grotschy in seinem dialogisierenden Monolog geradewegs zu der Frage führt, ob der alte Herr von der Buchhandlung und der Horst eventuell einen Geheimtreff für die Übergabe von Bildern als Gegenleistung für die Zeche hatten.

„Das Denkmal für die Gefallenen des Deutsch-Französischen Krieges von 70/71 an der Fontenay erinnert an die Bemühungen der Freien und Hansestadt Hamburg, Vergessenheit zuvor zu kommen, obwohl eine direkte Beteiligung des Hamburger Senats an der Auseinandersetzung nicht nachgewiesen werden konnte. Das mehrteilige Denkmal wurde daraufhin in leicht veränderter Gänze von der Esplanade hierher an den Harvestehuder Weg versetzt.

Wir halten jetzt eine halbe Stunde für eine Foto- und Kaffeepause. Sie finden uns genau an dieser Stelle wieder.

Herr Grotschy merkt sich die Stelle, an einem wild wachsenden Hibiscusstrauch.

14

Herr Grotschy ist Foto- und Kaffeepausen resistent. Er nutzt vielmehr die Gelegenheit, der Hostess in Mittelblond näher zu treten, um ein paar Fragen los zu werden, die den Hintergrund zum Verbleib des Künstlers Horst Janssen in seinen Abend- und Nachtstunden bei einem Absacker nach dem anderen ausleuchten sollen. Er war ja wohl eher ein Bier- und kleine Lage denn Weinliebhaber, weswegen Recherchen in der romanisch orientierten Künstlerszene erst einmal ausscheiden.

„Sagen Sie, bitt'schön, welcher Wirt war denn damals der Pächter oder Eigentümer der Kneipe vom Horst?"

„Ich stehe Ihnen nach dem Rundgang gerne zur Verfügung."

"Was Sie nicht sagen! Das ist eine Sensation! Dann man zu, wie der Norddeutsche zu sagen pflegt, oder irre ich?"

Er hat mehrere in Frage kommende Alkoven vor Augen.

„Die Moorweide hinter der Warburgstraße und auf der anderen Seite des Mittelwegs..."

"Wo sind denn die ganzen Bierdeckel geblieben, die der Janssen gestaltet haben soll? Auf nach Budweis?"

...der als Leitplanke des Harvestehuder Wegs gelten kann..."

"Alles Mär - alles Märchen?"

„...beendet den ersten Teil unseres Rundgangs."

Herr Grotschy starrt seinen media player wie hypnotisiert an. Jetzt steht sie ihm zur Verfügung – und er weiß nicht, wohin.

„*Das mit der Leitplanke gefallt mir nicht*", mosert er und nimmt sich vor, im Büro des Herstellers der CD nach der Mittelblonden zu fragen, worauf er den media player für den zweiten Teil des Rundgangs in Betrieb setzt.

„Original hanseatisch ist eine Rechnungsbegleichung à la Horst Janssen auch heute noch, obwohl es inzwischen um Buchhandlungen wie auch um kultivierte Kneipen nicht gut bestellt ist."

Die Stimme weist genau die Charakteristika auf wie im ersten Teil des Stadtteilrundgangs.

„*Ich hätt' ‚heuer' statt ‚inzwischen' gesagt*", raunzt Herr Grotschy sein Mittelblond an.

„*Wissen's, als Wiener muss man Abstriche an der Melodik machen, wenn wir hier im Norden sind. Wir könnten sonst als Weicheier im Trachtenlook durchgehen, was erstens unanständig und zweitens uns ausserordentlich unangenehm wäre."*

„Ob eine Parfümerie oder eine Bäckerei gleiche Dienste an der Künstler-Bürger-Gemeinschaft leisten würde, ist zur Zeit eine offene Frage", antwortet die Fremdenführerin von der CD.

Herr Grotschy ist fasziniert von den Optionen und steckt die Ohrstöpsel noch ein wenig tiefer in den Gehörgang.

„Hier und da sind Ansätze davon an ungerahmten Kunstwerken erkennbar, denen ein Tausch gegen Talcum nicht unangenehm auffällig anzumerken ist, so dass davon ausgegangen werden kann, einer rein altruistischen Initiative eines Franchise Unternehmens oder auch Einzelhändlers zu begegnen."

„*TALCUM!*"

Herrn Grotschys Stimme bebt.

„*Gnädige Frau, der Hinweis auf Talcum...*"

Er lässt das Wort wie einen Leckerbissen auf der Zunge zergehen.

„*Ich bitte Sie, gnädige Frau, das ist feinste Hamburger Lebensart! Wo gibt es das sonst als hier?*"

Dem wird ein empörter Blick auf den media player hinterher geschickt, zumal ihm daraufhin noch eine Erklärung geliefert wird, die ihm sein Verständnis komplett verschränkt:

„An der Alster sind um Mariä Lichtmeß herum Leuchtkörper am Stab zu erleben."

„*In H a m b u r g?*"

Herr Grotschy reißt sich die Stöpsel aus den Ohren, klappt seinen Fächer zu, steckt ihn in die Brusttasche und macht sich auf den Weg zu „ Chez Publishers' Agentur für Öffentlichkeitsarbeit - CD".

15

„Gestatten, mein Name ist Grotschy", wendet sich Herr Grotschy an die schwarzhaarige Schönheit hinter einem Service Counter.

„Bin ich hier richtig bei ‚Chez Publishers' Agentur für Öffentlichkeitsarbeit?"

„ ‚*Agentur für Öffentlichkeitsarbeit – CD'. Was kann ich für Sie tun?"*

Die Schwarzhaarige trägt ein Namensschild, das sie als **Klara** ausweist.

„*Ich bin auf der Suche nach einer mittelblonden Kollegin von Ihnen. Genau genommen brauche ich sie für eine Information."*

Klara lächelt milde.

„Wann haben Sie denn zum letzten Mal mit uns zu tun gehabt?"

",Zu tun gehabt' – das würde ich so nicht sagen. Ich stand nie in Konflikt mit Ihrer Kollegin. Ganz im Gegenteil. Ich habe die ganze CD gehört und bin seitdem..."

Er zaudert.

"...darauf eingeschworen", vollendet er seine sprachlichen Bemühungen und merkt am Gesichtsausdruck der Klara von „Chez Publishers' Agentur für Öffentlichkeitsarbeit – CD", dass er nachbessern muss.

"Ich wollte zum Ausdruck bringen, dass ich durch gute Erfahrung mit ‚Chez Publishers' Agentur für Öffentlichkeitsarbeit – CD' auf mittelblonde CDs eingeschworen bin", korrigiert er sich.

„Sie sind also als Tourist in Hamburg?"

"Wie kommen Sie darauf?"

„Weil Sie von einer CD gesprochen haben."

„Sehr g'scheit, wenn ich mir die Anmerkung erlauben darf."

„Ich werde das Kompliment an meinen Chef weiter geben. Ich selber bin neu."

„Umso besser – nichts ist schlimmer für einen Service Counter, als wenn tägliche Routine den Blick für die Besonderheit der Bedürfnisse von Kunden verstellt."

„Mein Bedürfnisse sind relativ schnell zusammen gefasst: ‚Was kann ich für Sie tun?'"

„Sehen Sie, jetzt bekommen wir ein minimales Problem. Darf ich mich zur Klärung desselben setzen?"

Ohne die Antwort abzuwarten, lässt sich Herr Grotschy in einem einzelnen Sessel nieder.

„Meine Kollegin kommt gleich."

Herr Grotschy meint heraus zu hören, dass er gerade dabei ist, gegen ein „Chez Publisher's Agentur für Öffentlichkeitsarbeit – CD" internes Gesetz zu verstoßen, obwohl nichts darauf hinweist.

Herr Grotschy sucht nach einer Visitenkarte, um der jungen Dame eine Vorstellung davon zu geben, mit wem sie es zu tun hat.

„Ich kann gerade keine finden…"

„Was, bitteschön?"

„Sagten Sie, ‚was bitteschön'?"

„Richtig, ich sagte soeben: ‚Was, bitteschön?'"

„Dann bin ich ja beruhigt, ich meinte ‚bitt'schön' verstanden zu haben."

„Also, Herr Grotschy, sein's bitt'schön so nett und machen's meiner Kollegin, der Frau Untermbrink,

Platz, wenn sie gleich kommt. Sie ist nämlich mittelblond und heißt mit Vornamen Gertrud.

Herr Grotschy wischt sich mit dem Handrücken die Stirn, obgleich keine einzige Schweißperle ihre Höhe verunziert.

„So ein Glück – da höre ich alles über die Alsterterrassen und die Warburgstraße und treffe auf Sie."

„Wie darf ich das verstehen?"

„Wer sich der ersten Variante von mindestens sieben weiteren Versionen des Auftaktes ‚bitt'schön' bedient, ist auch in der Lage, mir über Interna des Comments am Harvestehuder Weg Auskunft zu geben. Genau genommen möchte ich wissen, ob heuer noch Bilder von Rang in Zahlung genommen werden und ob in der Vergangenheit ein gewisser Bertil Smaragd dabei eine Rolle spielte."

„Das kommt darauf an. Ich würde ungern darauf eingehen. Es ist nicht mein Fachgebiet, obwohl ich meine, mich zu erinnern, den Namen gehört zu haben. Bekanntlich ist man als Frau Juwelen gegenüber aufgeschlossener als Spitzbergen im Winter.

Sie kichert.

„Hat sich denn schon mal ein Smaragd hier bei Ihnen blicken lassen?"

„Leider."

„Wieso ,leider'?"

„Modalitäten der Begleichung von Rechnungen werden in den oberen Etagen entschieden. Warten Sie bitte, bis meine Kollegin kommt. Die kann mehr dazu sagen."

Herr Grotschy bemerkt die zunehmend akzentuierte Kühle.

16

"Sie sind Norddeutsche, gell?", versucht Herr Grotschy die kleine atmosphärische Störung zu überwinden.

„Und Sie?"

"Aus Wien", sagt Herr Grotschy stolz. *"Deshalb bin ich vor Ort. Ich möchte mehr über hanseatische Attitüden erfahren. Wenn hier Kunstwerke als Zahlungsmittel angenommen werden, sind Sie bei uns in Wien genau an der richtigen Adresse."*

Klara guckt über den Counter.

"Sie guckt gezielt", denkt Herr Grotschy und versucht, sich einen Reim darauf zu machen. *"Sie guckt auf mein Jankerl mit den Handstickereien auf beiden Revers, und das nicht einmal norddeutsch"*.

„Dieser suchende Blick von Ihnen – ist der typisch?"

„Für was, bitteschön?"

„Für Hiesige."

„Ich bin nicht von hier."

„Genau das habe ich Ihnen angesehen, obwohl ich mit Mittelblond gerechnet hatte", sagt Herr Grotschy und wundert sich, warum er es sagt, wo er sich eben noch geärgert hat, dass er unter Beobachtung der schwarzhaarigsten Klara zu stehen gekommen ist, der er je ansichtig werden durfte. Beinahe hätte er sich eingebildet, sie hielte ihn für ein Juwel.

„Wenn Sie von woanders sind – wo immer auch dieses woanders liegen mag…"

„Ich versuche, Kunden die Zeit angenehm zu vertreiben. Zu mehr bin ich nicht befugt."

„Darf ich Ihnen beim Zeitvertreib helfen?"

Herr Grotschy steht auf und nähert sich dem Service Counter.

„Wenn es eine CD I von ‚Chez Publishers' Agentur für Öffentlichkeitsarbeit – CD' über die Nebenstrecken des Harvestehuder Weges und seine kulturhistorischen wie städtebaulichen Besonderheiten gibt, die ich bereits erworben habe, muss es doch wohl auch eine CD II geben, wie Sie die Güte hatten, mich erahnen zu lassen."

„Stimmt auffällig."

„Darf ich die mal sehen?"

Klara erhebt sich, zieht eine Schublade und fingert zwischen verschiedenen CDs herum.

„I, I, I..."

„Alle nur I?"

„Ich habe noch nicht alle durch – I, I... II."

Sie zieht die CD II hervor und legt sie auf den Counter.

In dem Moment betritt eine Mittelblonde den Raum und begibt sich zu der Schwarzhaarigen.

Frau Mag. Gertrud Untermbrink

Ein tadellos korrektes, mit Inbrunst gepflegtes Namensschild wird auf den Counter gestellt.

Herr Grotschy lächelt gewinnend, so wie man in Wien gewinnend lächelt, wenn man sich seiner Sache sicher ist.

„Sind Sie die Harvestehude Expertin von CD I?"

Die Mittelblonde lächelt ebenfalls gewinnend, so wie man in Hamburg gewinnend lächelt, wenn man sich seiner Sache sicher ist.

„Können Sie mir sagen, welchen Inhalts CD II ist?"

„Die ist ausschließlich etwas für Kenner."

„Das bin ich."

„Was Sie nicht sagen!"

„Ich nenne Mineralien von Bertil Smaragd mein eigen und würde gerne mehr schürfen."

„CD II hat nur indirekt damit zu tun. Es ist die unvollendete Geschichte der als gelbes Haus bekannt gewordenen Villa ungefähr in Höhe...

„... der Sophienterrasse."

Herr Grotschy zuckert sein Lächeln noch stärker als zuvor.

„Woher wissen Sie das?"

Frau Gertrud Untermbrink lächelt nicht mehr.

Herr Grotschy würde Frau Untermbrink gerne wieder zum Lächeln bringen. Er möchte ihr zuhören und sie ayurvedisch entspannt sehen, weiß aber im vornherein, dass die rein narrative Wiedergabe des Inhaltes von CD II das wohl nicht hergibt.

„*Verehrte, gnädige Frau, wäre es möglich, dass wir CD II vorerst umgehen und Sie stattdessen ihren Part übernehmen, ich könnte beinahe sagen: ihr Leben einhauchen. Es wäre mir wirklich sehr angenehm.*"

Frau Untermbrink lächelt.

„Dann will ich mal."

„*Gnädige Frau, das Lächeln eben war ganz entzückend. ‚Dann will ich mal' ist ein ganz klein wenig zu nüchtern dafür. Ich könnte mir vorstellen, dass Sie mich an die Hand nehmen...*"

Frau Untermbrink lacht.

„Sehen's gnädige Frau, wie das wirkt!"

„Dafür sind wir ja da bei ‚Chez Publishers' Agentur für Öffentlichkeitsarbeit – CD."

„Und wenn ich sagen würde, ich als Kunde Grotschy möchte Sie, Frau Gertrud Untermbrink als Vertreterin von ‚Chez Publishers' Agentur für Öffentlichkeitsarbeit – CD' auftragsgemäß weinen sehen?"

„Dann erzähle ich Ihnen die Geschichte vom gelben Haus.

„Erzählen Sie, ich werde tapfer sein!

17

„Die Alsterchaussee ist die letzte größere Verbindung zwischen Mittelweg und Harvestehuder Weg vor dem Grundstück mit dem gelben Haus."

„Ich bin in etwa im Bilde. Wenn ich nicht irre, handelt es sich um das Anwesen in nächster Nachbarschaft zu der kleinen Villa auf bundeseigenem Wiesenschaumkraut- und Pusteblumengelände."

„Mit der Vergangenheitsbewältigung ist es ähnlich: es ist ein inhaltsschweres Wort und verleitet zu nicht zulässigen oder fahrlässigen Aufrechnungen."

Frau Untermbrink lächelt sphingisch, Klara clownisch.

„Sollten wir ihn nicht zu ‚Gavast' schicken?"

Das ist Klara.

„Meinen Sie?"

Frau Untermbrink delegiert offenbar nicht gerne.

„ ‚Gavast'?"

Keine antwortet. Das Synchronlächeln der Stadtkundigen verschwinden. Wie es scheint, ist „Gavast" eine Zelebrität, die man kennen muss, wenn man bei Mittelblond und Schwarz von „Chez Publishers' Agentur für Öffentlichkeitsarbeit – CD" nicht als Niete dastehen will.

„Ein neuer Cocktail? Wissen's ich lade sie beide ein..."

Frau Untermbrink guckt hoheitsvoll, Klara kichert.

„Frau Untermbrink – bitte lächeln!"

Frau Unterbrink lächelt von den Nasenflügeln her.

„ ‚Gavast' – *lassen Sie mich raten: ‚Gavast' ist eine Institution.*"

„Es!"

„*Ein Institut?*"

„Bingo - ‚Gavast' ist eine Agentur, die auf musikalische Kunstexpeditionen spezialisiert ist. Nichts von der Stange. Wahrscheinlich sind Sie dort gut aufgehoben, wenn sie etwas Bestimmtes suchen. Die nächste Jam and Jewel Session ist in ein paar Wochen. Mit etwas Glück bekommen sie noch eine Karte."

Frau Untermbrink lächelt verführerisch, Klara ebenso, was Herrn Grotschy erneut in einen persönlichen Konflikt bringt.

„*Darf ich mich auf Sie beziehen?*"

„Sie können es ja versuchen. Ob es

etwas nützt, kann ich allerdings nicht versprechen."

Das ist Klara.

"Dann müsste ich um Ihren Namen bitten."

„Ich habe noch keine Visitenkarte."

„Fräu…"

„Frau. Ich bin Praktikantin im Vorexamen. Sagen Sie einfach, Klara von ‚Chez Publishers' Agentur für Öffentlichkeitsarbeit – CD' hat Sie geschickt. Dann weiß man bei ‚Gavast' schon Bescheid."

„So gut kennen Sie sich?"

„‚Gavast' hat mich vor einiger Zeit mit einem gewissen Smaragd bekannt gemacht."

„Als ob das interessieren würde!"

Das war Frau Gertrud Untermbrink, deren Lippen nicht mehr

lächeln, aber immerhin noch ihre Schneidezähne.

„Hamburg liebt Scharaden. Das muss man wissen, die muss man mögen", denkt Herr Grotschy und seufzt.

„Dürfen wir Ihnen einen Kaffee oder ein Wasser anbieten?"

Frau Gertrud Untermbrink knipst ihr dentales Lächeln auf huldvoll.

„Gehen Sie schon!", zischt sie ihre Kollegin erfolgreich an.

„Herr ... "

„Grotschy. Ich hatte mich Frau Klara bereits vorgestellt."

Herr Grotschy steht kurz auf und setzt sich sofort wieder.

„Dann wollen wir mal."

„Die Frau Klara muss Ihren Vortrag zur Geschichte des gelben

Hauses unbedingt hören. Sie ist ja noch zu jung, um selber darauf zu kommen."

„Sie haben Recht – über was unterhalten wir uns bis dahin?"

„Ich habe da so eine Idee, die auf elegante Weise Abhilfe schaffen kann. Wir – Sie, gnädige Frau Magister Untermbrink und ich – talken uns einfach zusammen."

18

„Talken" hört sich aus Herrn Grotschys Mund wie ein Körperpuder an, ein Hautschmeichler für zu heiße Stunden und Tage, ein dermatologisch getestetes Herbarium für empfindliche Haut, wie für die der kühlen Mittelblonden. Es ist aus allen in Frage kommenden Ingredenzien, die ein Kosmetikkonzern in den Tresoren verborgen hält, zusammen gemixt. Henna und Curry sind nicht dabei, aber ein Microhauch von Lindenblüte, Bergamotte und Kronsbeere.

„Gnädige Frau – wollen Sie oder soll ich?"

„Was?"

„Talken."

„Ich fürchte, ich muss Sie enttäuschen. Bei uns in „Chez Publishers' Agentur für Öffentlichkeitsarbeit – CD" ist es nicht üblich, sich zu einem Spontantalk zu verabreden."

„Sehen's da ist ein Fehler. Ob bei Ihnen oder bei ‚Chez Publishers' Agentur für Öffentlichkeitsarbeit – CD' will ich zunächst dahin gestellt sein lassen. Ein Talk ist keine Folge einer Verabredung. Ein Talk ist die Folge eines Talks. Den hatten wir ja soeben. Wo ist das Problem?"

„Ich müsste eine Genehmigung von ganz oben haben."

„Können Sie die nicht nachreichen?"

„Ich fürchte, das ist schwierig."

„Bleiben Sie hier!"

Herr Grotschy holt tief Luft. Frau Magister Gertrud Untermbrink ebenfalls.

„Sie fürchten schon wieder! Sie sollten sich nicht fürchten, Sie sollten einfach anfangen. Ich werde Sie dann talkmäßig an die Hand nehmen und auf die Richtung einstellen. Fangen wir also mit dem gelben Haus an. Was hat Sie in letzter Zeit besonders bewegt, wenn Sie daran gedacht haben?"

Frau Untermbrink streicht sich über die Haare und den Rockschoß, bis aus ihr eine Koriphäe ohne Furcht, Fehl und Tadel wird, die ein kaum zu überbietendes Wissen über den Harvestehuder Weg hat.

„Das gelbe Haus war inzwischen zu 90% entwohnt, aber die Marquisen mit den Blockstreifen wurden immer

noch wie von Geisterhand ausgefahren", beginnt sie mit fester Stimme.

„Glauben Sie an Geister?"

„Allgemein nicht, aber im gelben Haus könnte es schon gespukt haben."

„Haben Sie selber schon mal einen Spuk erlebt?"

„Das gelbe Haus hatte einen Führerbalkon."

„Einen was?"

„Einen Balkon, eher ein vergrößerter Austritt, sehr beliebt bei Architekten, die scharf kalkulieren müssen, um allen Wünschen der Bauherren gerecht zu werden."

„Das soll in den besten Familien vorkommen. Manche machen sich einfach nichts aus so einem Freiluftgehege, um Bikinis zu lüften."

Frau Untermbrink quittiert die Anmerkung mit einem schelmischen

Blick abwechselnd mal aus dem einen Augenwinkel, dann aus dem anderen. Beinahe vergisst sie darüber ihren Vortrag, was Herr Grotschy zu verhindern weiß. Er hält seine Augenwinkel in alle vier Richtungen geschlossen.

„Ein Führerbalkon ist lang und schmal", fordert Frau Untermbrink Herrn Grotschy zu einer unterhaltsamen Reaktion heraus.

Nichts.

„Der dominierende Eindruck ist das Geländer."

„Gnädige Frau, dafür könnte ich mich schon erwärmen."

„Müssen Sie nicht, Herr Grotschy. Nun nicht mehr. Dahin stellte sich der Herr Direktor, wenn er nachdachte. Manchmal lehnte er leicht dagegen, manchmal stand er, die Arme auf dem

Rücken verschränkt, seine Zigarettenspitze aus Silber und Elfenbein mit einer amerikanischen ‚Lille Smogger' im Mundwinkel und betrachtete das Treiben auf der Alster."

Frau Untermbrink streicht wieder die Haare und den Rockschoß glatt, obwohl jetzt nichts mehr glatt zu streichen ist.

„Der Automatismus zwischen Generations übergreifender Meinungen und Prinzipien war damals alles andere als selbstverständlich."

„Gibt es ‚Lille Smogger' eigentlich noch?"

„Wir sind mit unserer Statistik noch nicht so weit."

„Das hört sich nicht nach Spuk an."

„Wenn Sie es noch genauer wissen wollen…"

„Ich würde mich dem nicht verweigern."

„*In dem Haus wurden Kassettendecken und Hohlwände entdeckt, durch die elektrische Leitungssysteme für begehbare Schränke gelegt worden waren.*"

„Nicht schlecht für einen Talk", denkt Herr Grotschy und sagt: „Was hat man denn in den Hohlräumen Spannendes gefunden - ‚Lille Smogger'?"

Frau Untermbrink lächelt geringschätzig, wie Nikotinabstinenzler lächeln, die nie dazu verführt werden konnten.

„*Wenn mich nicht alles täuscht, ging es um nichts Weltbewegenderes als um die Rezeptur von Grießklößen.*"

Herr Grotschy stutzt.

„Rezeptpflichtige Grießklöße?"

„Jawohl, Griesklöße. Sie mögen es glauben oder nicht."

„,Lille Smogger' hätte ich für ungefährlicher gehalten - Grieß ist schließlich nicht von ohne. Er eignet sich nur bedingt zur Volksspeisung."

„Ich möchte mich da nicht festlegen. Es gibt Hinweise, die in eine ganz andere Richtung gehen."

„In welche?"

Herr Grotschy schnarrt ungehalten.

„Wissen's gnädige Frau Untermbrink, wir in Wien sind ein wenig empfindlich, wenn der nicht ganz unbegründete Verdacht beginnt zu keimen, dass unser Kaiserschmarren plagiiert wird."

„Sie lenken ab."

„Dann entkräften Sie am besten meinen Verdacht."

„Wir in Hamburg hatten nie etwas ähnliches wie Kaiserschmarren. Bei uns musste der Kaiser zu Fuß…"

„Den Spruch kenne ich."

„Aber nicht in der ganzen hanseatischen Konsequenz eines recht steilen Anstiegs."

„Wo?"

„Im Rathaus zu Festessen."

„Mit Grießklößen?"

Herr Grotschy brummelt und entnimmt der Brusttasche den Fächer mit Straußenfedern.

Frau Untermbrink lächelt.

19

"Sie - auch ein Herr Direktor? Das da..."

Frau Untermbrink zeigt auf den Fächer.

"...ist das Ihre persönliche ‚Lille Smogger'?"

Dann wendet sie, ohne eine Antwort abzuwarten, ihren Blick dem Counter zu, auf dem CD II liegt und darauf wartet, lebendig gesprochen zu werden.

"Das Gelb der Villa war alles andere als ein x-beliebiges Gelb. Die sensationelle Mischung war bei genauerem Hinsehen eine hanseatische Variante von "Charlottenburg-Gelb. Die Eigentümer des gelben Hauses hatten bereits in den frühen Nachkriegsjahren einen befreundeten Künstler mit Erfahrung

in Vedutenmalerei bemüht, eine Mixtur zwischen den marktüblichen Gelbtönen heraus zu filtern und den Anstrich zu überwachen, damit die Villa nicht eines schönen Tages in einem Gemisch aus Charlottenburg-Gelb und Eidottergelb vom Geschmack der Auftraggeber zeugen würde."

Herr Grotschy vergisst vor Spannung zu talken. Er beugt sich vor, um ja nichts vom hanseatischen Spuk zu verpassen, den Frau Untermbrink avisiert hat und nun – rein verbal und ohne eine Miene zu verziehen – festen Willens ist, ihn wahr zu machen.

„Wissen's gnädige Frau, Gruseln ist schwer und in Ihrer geschätzten Gegenwart noch schwerer!"

Frau Gertrud Untermbrink blinzelt ihre CD II verschwörerisch an.

"Der Künstler mit Horizont nahm den Auftrag ernst. Danach erholte er sich von der schweren Verantwortung und widmete sich der Darstellung von Kühen, was von der befreundeten Familie mit dem Ankauf diverser Gemälde honoriert wurde."

„Da sind sie ja die Geister, die gerufen wurden."

„Habe ich Ihnen zuviel versprochen?"

Frau Untermbrink lächelt das bezauberndste Lächeln seit Beginn des Talks.

„Grießklöße!", denkt Herr Grotschy.

„Grießklöße, nicht wahr?", sagt Frau Untermbrink. *„Darauf sollten wir bei Gelegenheit anstoßen."*

20

„Gnädige Frau – warten's. Ich kann die Wissenslücke füllen, die Ihre Kunst verständigen Geister hinterlassen haben. Ich hatte vor längerer Zeit genau wegen eines Grießkloß verdächtigen Sachverhalts im grossen Stil Rücksprache bei jemandem halten können, der sich wie kaum ein Künstler in Grießrezepten auskannte.

„Darf ich raten?"

„Wenn Sie sich das trauen."

„Chagall."

„Leider daneben - wie kommen Sie auf Chagall?"

„Die Route der Kaiserschmarren..."

„Die sie bei ‚Chez..."

„*...wir bei ‚Chez Publishers' Agentur für Öffentlichkeitsarbeit – CD' natürlich als road map führen.*"

„Sehen's gnädige Frau Untermbrink. Das habe ich ‚Chez Publishers' Agentur für Öffentlichkeitsarbeit voraus: Ich habe nicht bei dem großen Chagall selber angeklopft, aber bei Madame Chagalevskaja, die ich die Ehre hatte kurz kennenzulernen und die mir ein Tintenfaß mit ‚Bertil Smaragd' verehrte, das bereits der Herr Josef Haydn sel. in Gebrauch hatte."

Frau Untermbrink lässt sich den Schneid nicht abkaufen, obwohl sie Herrn Grotschy den Vorsprung neidet, was sich an ihrem Gesichtsausdruck ablesen lässt, der einen Kampf zwischen Haltlosigkeit aus Enttäuschung und Contenance aus Pflichtbewusstsein verrät.

„Ich wollte Ihnen gerade von Madame Chagalevskaja erzählen, deren Geschichte eng mit dem gelben Haus verbunden ist. Sie sind mir quasi ins Wort gefallen."

„In der Linkskurve kurz vorm Zieleinlauf überholt worden?"

Herr Grotschy denkt gar nicht daran, seine Genugtuung darüber zurück zu nehmen.

Frau Untermbrink zwinkert nervös mit den Augen, was darauf deuten lässt, dass sie sich von dem Schock der Unterlegenheit erholt hat und den Nachteil aufzuholen gedenkt.

„Von Alter und Aussehen her war die Chagalevskaja irgendwo zwischen einer Mamuschka von Klasse und Hutzelweiblein ebensolcher Klasse einzuordnen, sprach keinen Akzent, wie der Name vermuten lassen könnte, sondern eine Kunstdeutsch mit Tutus

aus den Tiefen des Spessarts oder vom Scheitel des Rothaargebirges."

„Gnädige Frau Untermbrink, nehmen Sie es mir nicht übel, besonders nicht persönlich, aber die Umstände waren ganz anders als von Ihnen geschildert. Madame Chagalevskaja kam aus der Walachei. Sie war multilingual und hoch gebildet."

Frau Untermbrink sieht, dass sie es bei Herrn Grotschy mit einem profunden Kenner zu tun hat und taktiert sich vorsichtig lächelnd hinter die Front:

„So muss es wohl gewesen sein."

Das Lächeln gefriert.

„,Gut dass Sie vorbei schauen. Ich muss Ihnen etwas erzählen - eine furchtbare Geschichte', fing die Chagalevskaja jede Konversation an, *egal, ob sie beim Milchmann an der Ecke Sauerrahm kaufte oder dem Briefträger öffnete. Immer kam als erstes: ‚Gut, dass Sie vorbei schauen. ‚Ich muss Ihnen etwas erzählen - eine furchtbare Geschichte'.*

Dann pflegte sie einen Moment inne zu halten und zu fragen:

‚Ich habe sie Ihnen doch noch nicht erzählt?'

Und ob Sie es glauben oder nicht, keiner hat jemals ‚Ja' gesagt."

„War die Geschichte wirklich so traumatisch furchtbar oder ist sie im Nachherein zu Ungunsten von Madame hinter deren Rücken unrichtig wiedergegeben worden?"

Herr Grotschy schnauft empört.

„Bekam sie oft Post, obwohl sie ein Schließfach hatte? Gab es damals schon lactosefrei? Madame konnte nämlich über lange Zeit keine Milchprodukte vertragen."

Frau Untermbrink errötet.

„ ‚Ich war auf der Flucht...'"

„Was Sie nicht sagen – S i e waren auf der Flucht? Seit wann sind Sie denn bei ‚Chez Publishers'?"

„*Chez Publishers' Agentur für Öffentlichkeitsarbeit – CD...*"

„Bitteschön."

„*Die Agentur wurde nach Kriegsende gegründet.*"

„Nach Kriegsende haben wir auch jetzt noch."

„*1947 begann Chez Publishers' Agentur für Öffentlichkeitsarbeit – CD die Vergangenheit aufzuarbeiten...*"

„...die ich sie gerade wieder einholen half. Das ist wirklich interessant, was Sie da sagen, gnädige

Frau. Erzählen Sie doch bitte weiter, was Madame Chagalevskaja zu ihrer Herkunft berichtet hat."

Frau Untermbrink guckt in die Schublade.

„CD II liegt auf dem Counter."

„Ich schaue, ob ich die Chagalevskaja CD noch hier habe oder ob sie bereits im Archiv ist."

„Ihre Bemühungen in allen Ehren, aber könnten Sie vorerst ohne Souffleuse auskommen?"

Frau Untermbrink schließt die Schublade.

„Ich werde mein bestes tun, alles zu Ihrer Zufriedenheit aufzuklären.

Die Chagalevkaja – soll ich wieder wörtliche Rede…?

„Bitt'schön."

21

"‚Ich kann mich genau erinnern, dass die Leute mit Reetdach nach allem geworfen haben, was ihnen fremd war', klagte sie."

Herr Grotschy schweigt betreten. Das Mittelblond vor ihm scheint stumpf, der Rock knitterig.

„Sehen's deswegen hab ich gemeint, Sie müssten auch noch mehr vom Bertil Smaragd wissen. Der war nämlich ausgewandert und hat hinterher versucht, all die Leut' zusammen zu suchen, die gemeint hatten, ihn aus den Augen verloren zu haben. Das wissen nur die wenigsten. Die meisten waren nicht zu Hause oder irgendwie unabkömmlich, als er vorbei kam. So einen Schrecken haben sie bekommen, dass sie nicht einmal seinem neuen

Pass haben glauben wollen, obwohl ihm das letzte Foto aus Deutschland im Jahre 1931 sehr ähnlich ist, wo er inmitten von Studierenden seines Jahrgangs posiert und das er als Beweis seiner Leibhaftigkeit vorgezeigt hat."

Herr Grotschy streichelt sein Pochet aus Straußenfedern.

„Mochten Sie die Frau Chagalevskaja? So wie Sie von ihr sprechen, muss sie Ihnen nahe gestanden haben."

„Ist das nicht egal?"

„Aber nein - ich denke an die vielen Kühe in der Ahrenshooper Gegend. Wenn nur eine davon über ein Dach geflogen wäre oder ein mehrendiges Hirschgeweih getragen hätte…"

„…hätten Sie Ihren Spukbeweis?"

„…hätte ich einen Hinweis auf einige vermisste Bierdeckel."

„Ich kann mir vorstellen, worauf Sie hinaus wollen. Sie sagte, sie wäre die letzte und einzige Geliebte von Chagall gewesen. Er hatte sie sich zu seiner Vertrauten gemacht und ihr ein nicht unerhebliches Konvolut an Studien hinterlassen."

„Hatte Frau Chagalevskaja einen Freund in Hamburg?"

„Frau Chagalevskaja war absolut treu. Sie war mit der Kunst verheiratet. Es gibt zahlreiche Portraits von ihr mit Stillleben."

Herr Grotschy lächelt in sich hinein. Ihm ist, als ob der Name Bertil Smaragd unausgesprochen im Raume steht.

„Wissen's gnädige Frau. In Hamburg spukt es nicht, in Hamburg sieht man gerne attraktive Gespenster. Es war mir eine große Freude, Sie persönlich kennen zu lernen. Ich gehe jetzt zur Agentur ‚Gavast' herüber, wenn Sie gestatten.

Er steht auf und verbeugt sich förmlich.

„Ich würde mich freuen, wenn wir bei Gelegenheit unseren Diskurs fortsetzen könnten. Bis dahin haben Sie vielleicht die Chagalevskaja CD gefunden."

Frau Untermbrink steht auf und reicht ihm lächelnd ihre Visitenkarte, auf die sie etwas vermerkt hat. Es ist mit „Bertil Smaragd" geschrieben.

„Gnädige Frau, darf ich Sie einladen?"

„Später – Herr..."

Sie schaut in ihren Computer.

„Grotschy. ‚Grotschy' wie man es spricht: mit einfachem ‚o', einem ‚t' und nur mit Ypsilon am Ende, bitt'schön."

Später schickt Herr Grotschy unter Beifügung seiner Visitenkarte mit der Wiener Adresse einen schriftlichen Videoclip folgenden Inhalts an die Frau Magister:

Ort: ein ernsthaftes Vergnügungszentrum in Hamburgs Stadtmitte.

Zwei Massagebretter vom Format einer Abtrittmatte, deren Vibrationstechnik den Organismus sanft animieren soll und Gleichgewichtsstörungen beseitigen helfen kann, sind vor einem Beratungszelt aufgestellt.

Auf dem einen Brett steht eine Sportskanone, die sich eine extra Trainingseinheit gönnt, das andere vibriert vor sich hin und in sich hinein. Zuschauer sind mehrere Silberlinden.

Ein etwas zu Korpulenz neigender Herr bleibt bei dem Betreiber der Massagebretter stehen.

„Funktionieren die mit Akku oder haben sie einen Stromanschluss?

„Beides."

Er deutet auf eine Kabelrolle.

„Könnten Sie, bitt'schön, ein Brettl mit doppelter Vibration und ohne Kabelrolle per Luftfracht nach Wien schicken?"

„Das wäre dann eine Flugmassageeinheit und kostet einiges mehr. Zwei gehen im Bulk. Das kommt Sie unterm Strich günstiger."

„Ich will Wein decantieren."

„Dann ist unbedingt die Kombi empfehlenswert. Die lüftet besser."

„Außer dem Bulk?"

„Die Kombi besteht aus einem großen Massagebrett und einem Beistellmassagetisch."

Der leicht korpulente Herr möchte sich die Kombi zeigen lassen, wird aber auf einen Termin mit individueller Vorführung außerhalb des ernsthaften Vergnügungszentrums vertröstet *(notiert alles, lässt sich noch ein paar Prospekte geben und verabschiedet sich geschäftsmäßig höflich)*.

Frau Magister Gertrud Untermbrinks Reaktion auf Herrn Grotschys Gabe ist bei Redaktionsschluss noch unbekannt.

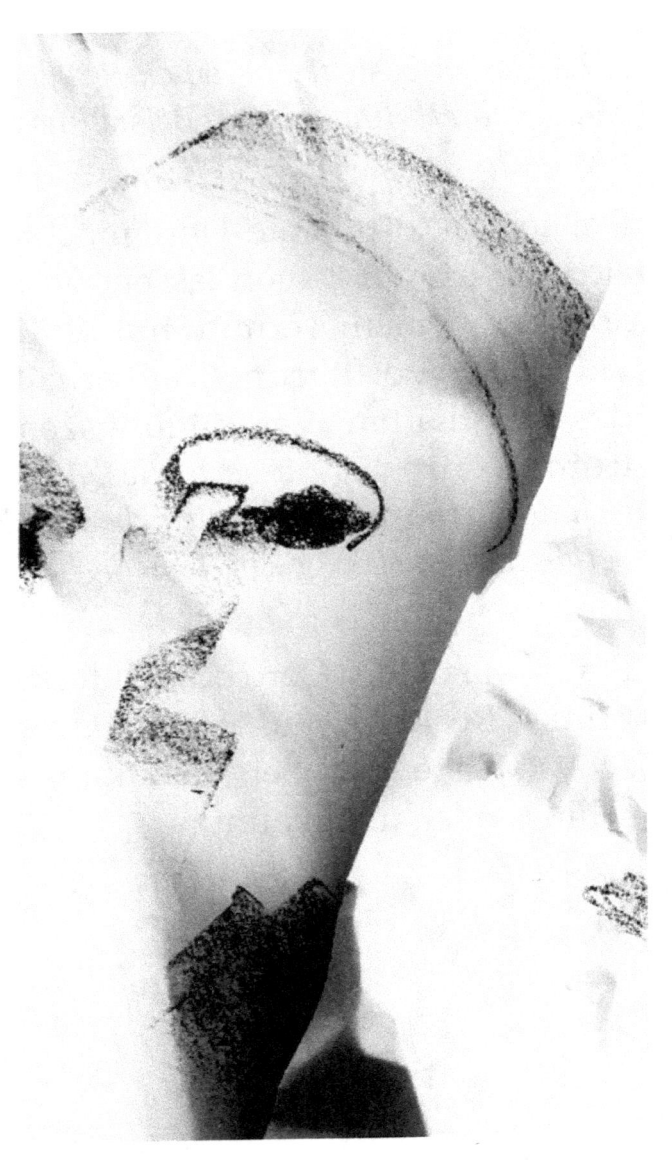

Jabo Noi plus®

Zeichnungen und ihre Zuordnung

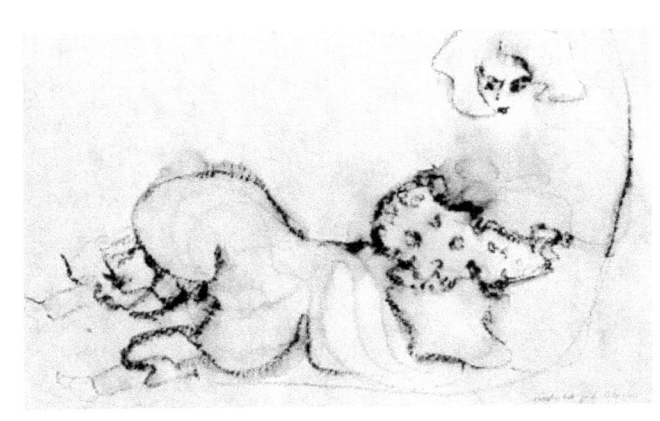

Was ist ein Überhangmandat?

1)

Eine komplizierte Gleichung, die eigentlich keine sein darf.

2)

Ein Kollektiv Feierfreudiger auf der Suche nach Subventionen.

3)

Ein Schwebezustand der Psyche vor und nach Erschütterungen.

4)

Die Aufforderung, seine Fantasie walten zu lassen und sie dabei trotzdem zu bändigen.

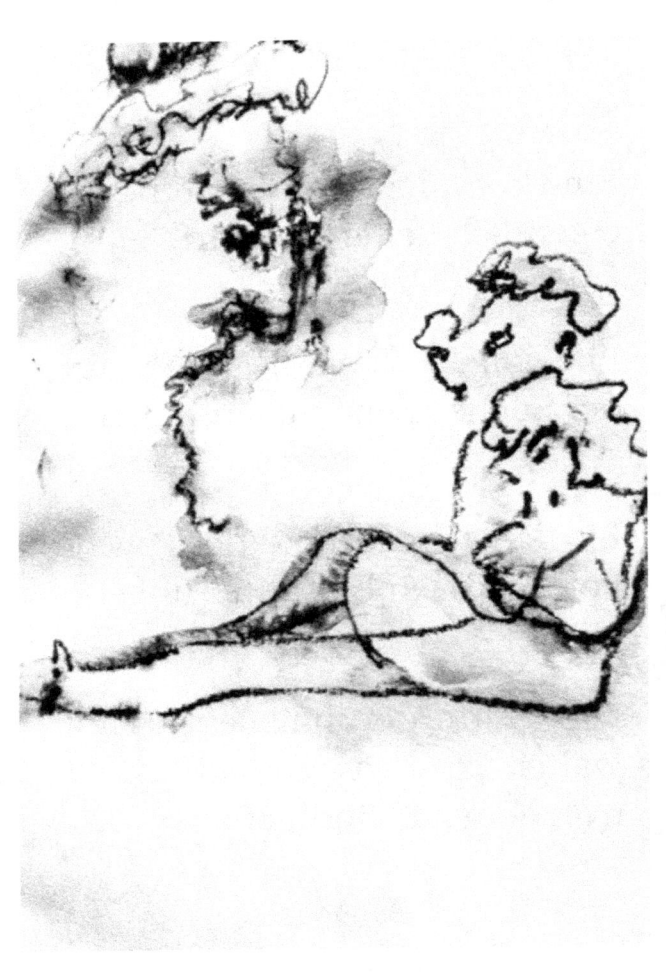

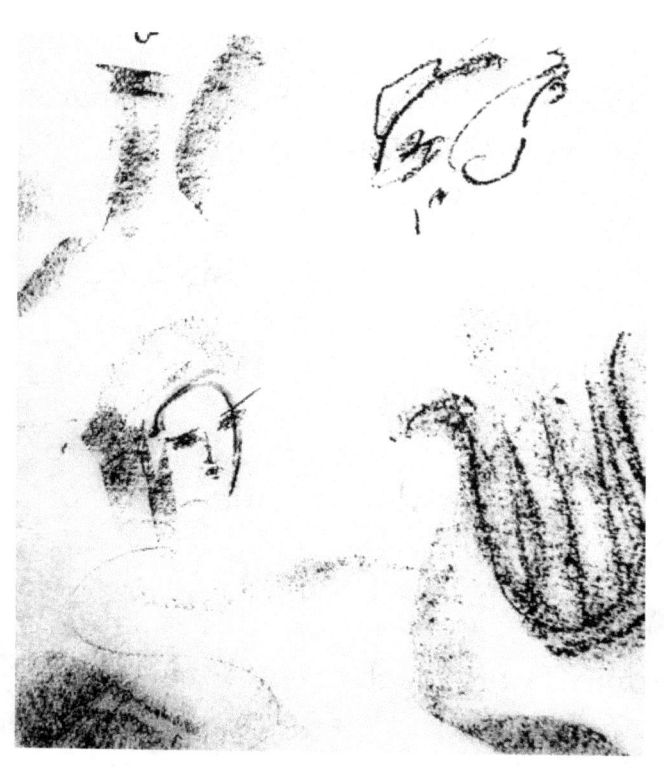

SV /SSV oder WSV?

1)

WSV entfällt. Die Schwimmbäder sind geschlossen.

2)

Ein- und Zweiteiler sind Saison unabhängig.

3)

Jeder SV erübrigt sowohl Schwimmbäder als auch Ein- und Zweiteiler.

4)

Die Frage nach dem Verbleib des SSV ergibt sich aus dem allgemeinen SV.

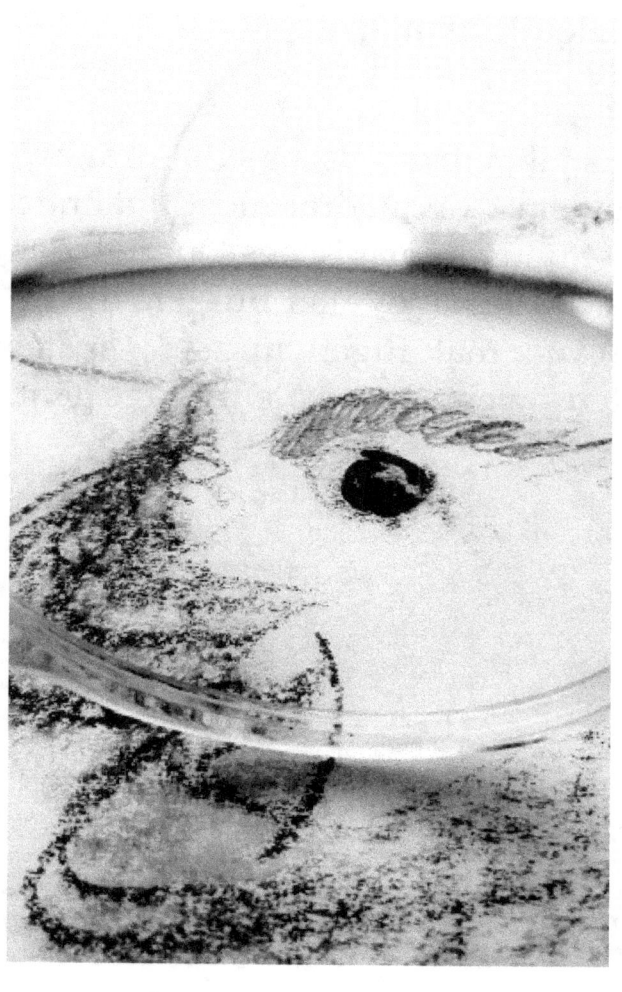

Die Quartalsfrage

Es gibt ein magisches Quadrat, was einem Planquadrat nicht unähnlich ist und ein magisches Quartal, dem sich beinahe alle Bürger irgendwann mal fügen müssen, spätestens, wenn es um Neubezüge geht.

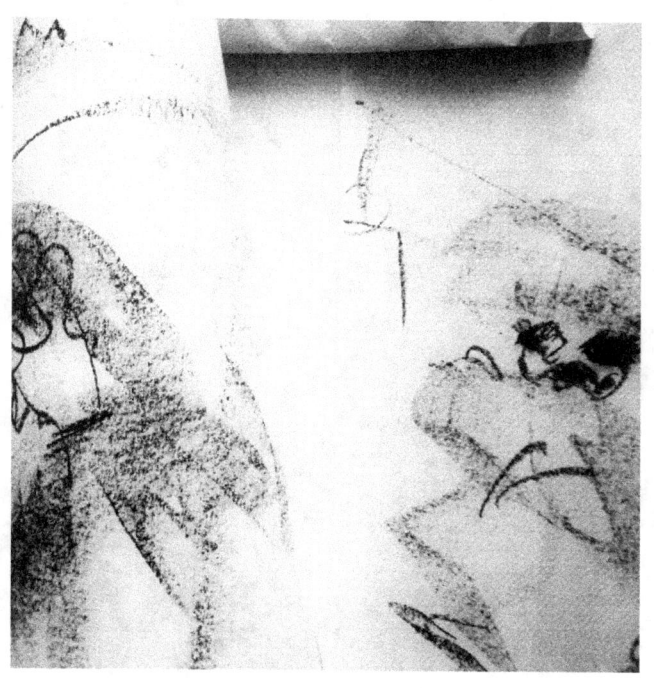

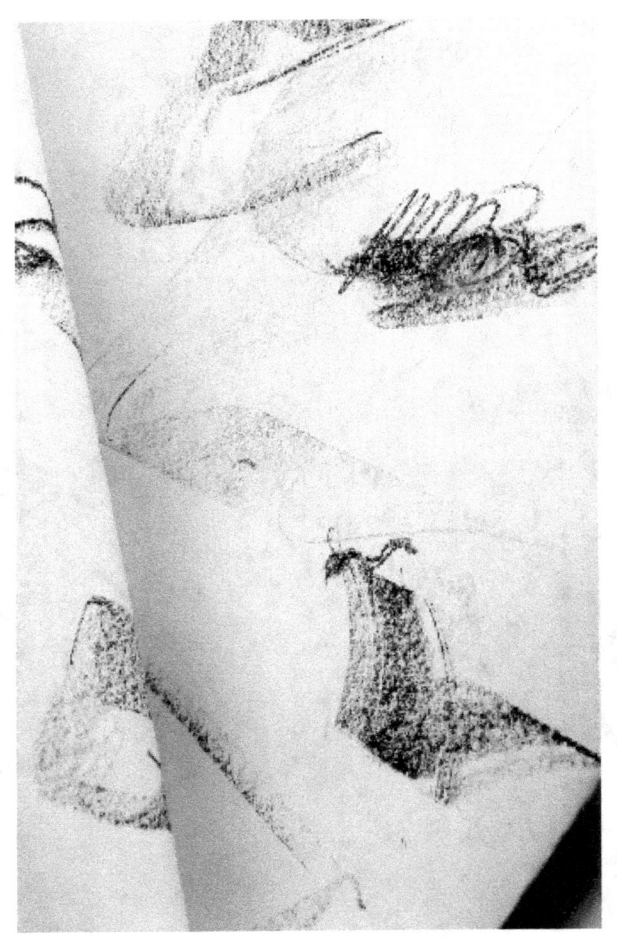

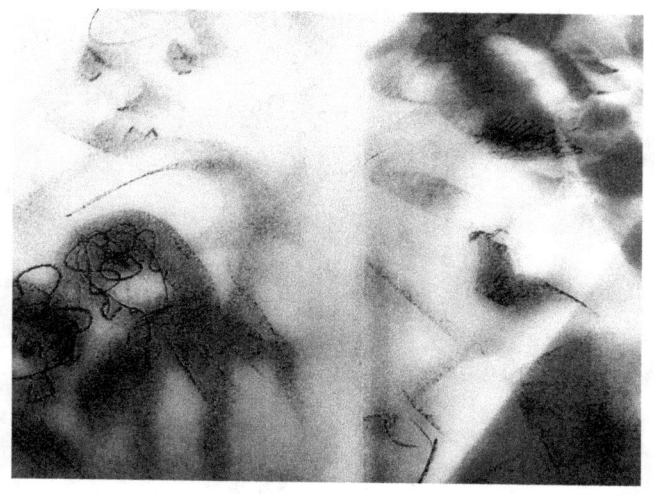

Was ist eine Halbzeit?

Etwa 100 Tage. Danach fängt die Vollbeschäftigung an.

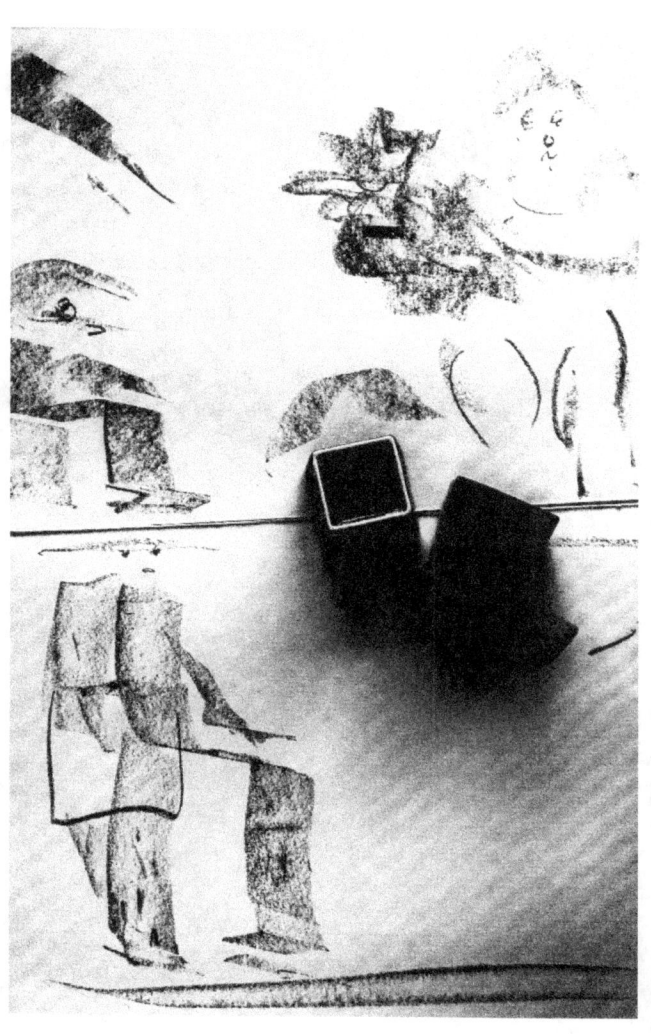

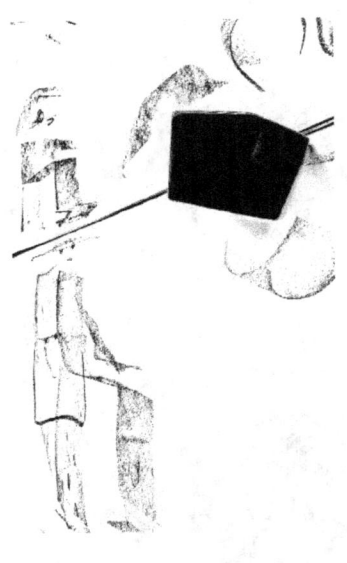

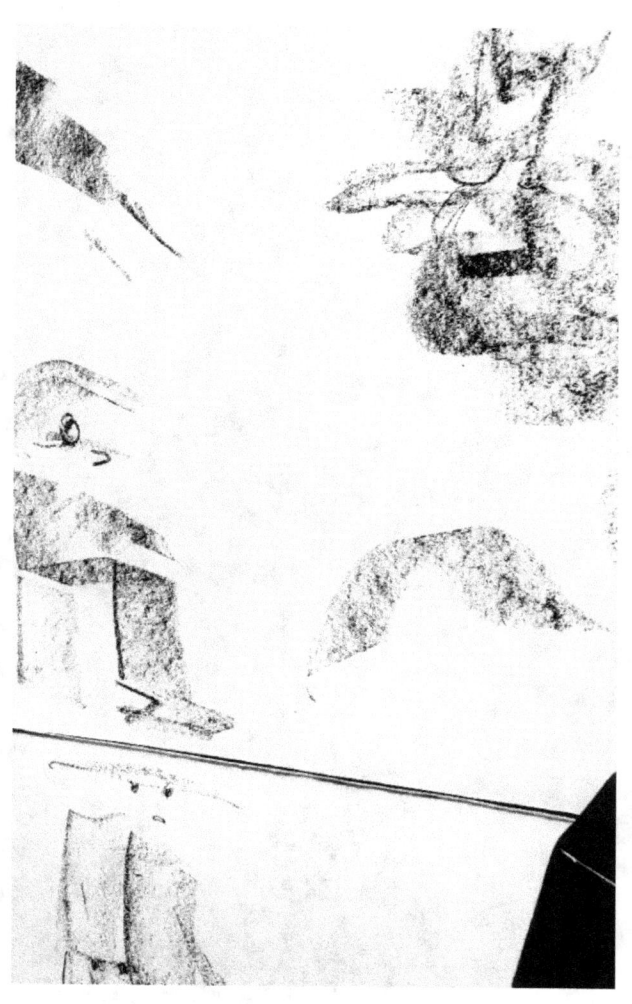

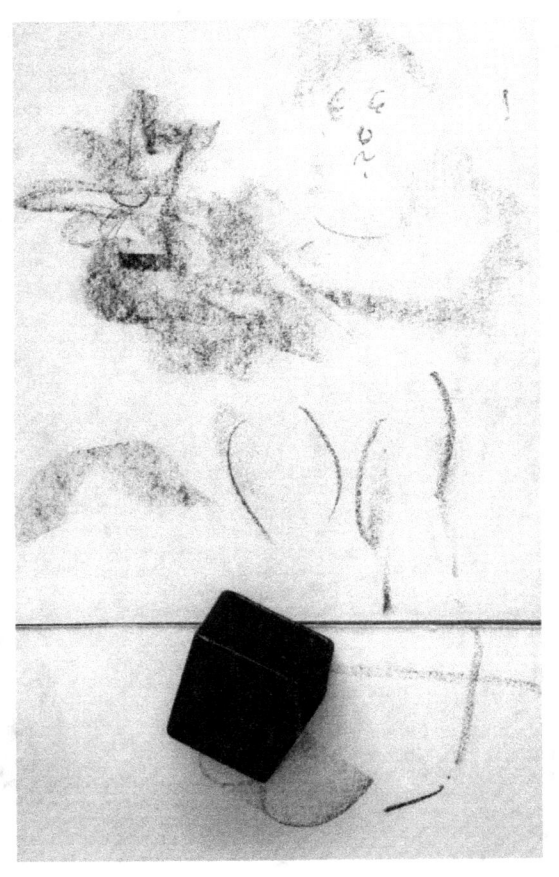

Wonnemonat

Eine gefühlte Einheit, vergleichbar mit der gefühlten Temperatur, die offiziell ungültig ist.

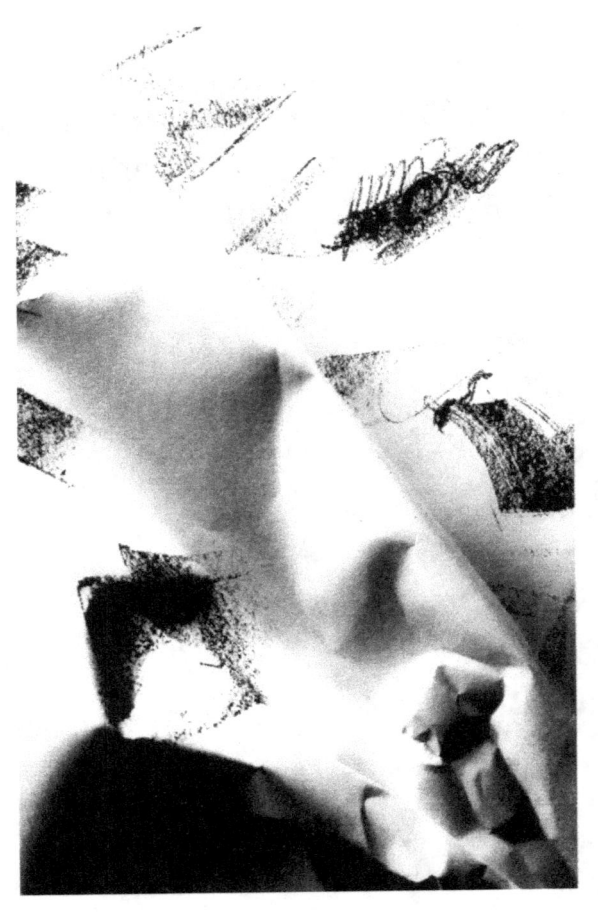

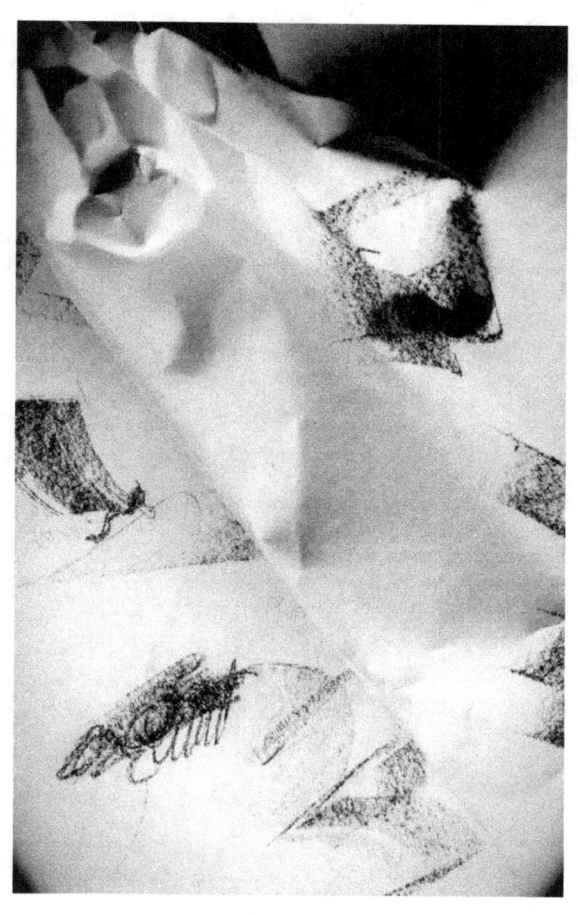

Tränenkanäle…

…haben etwas mit Tränendrüsen zu tun und die mit Kino.

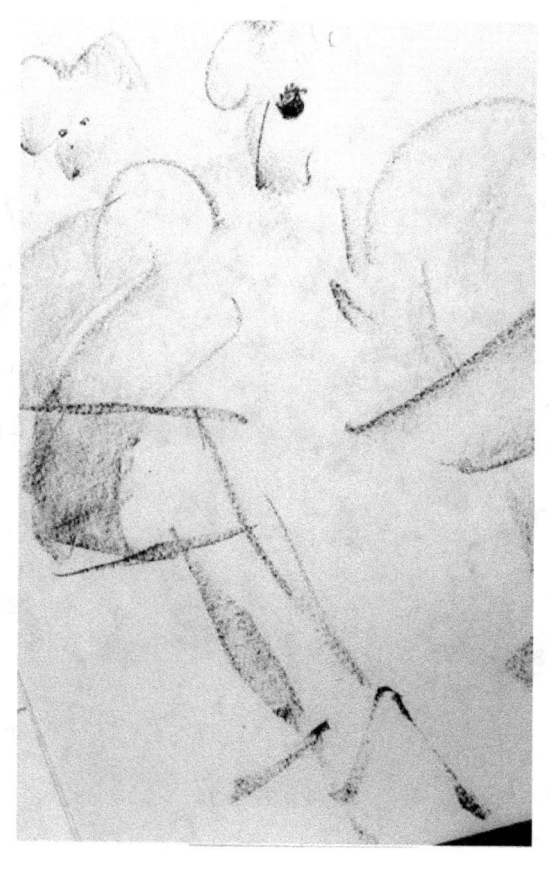

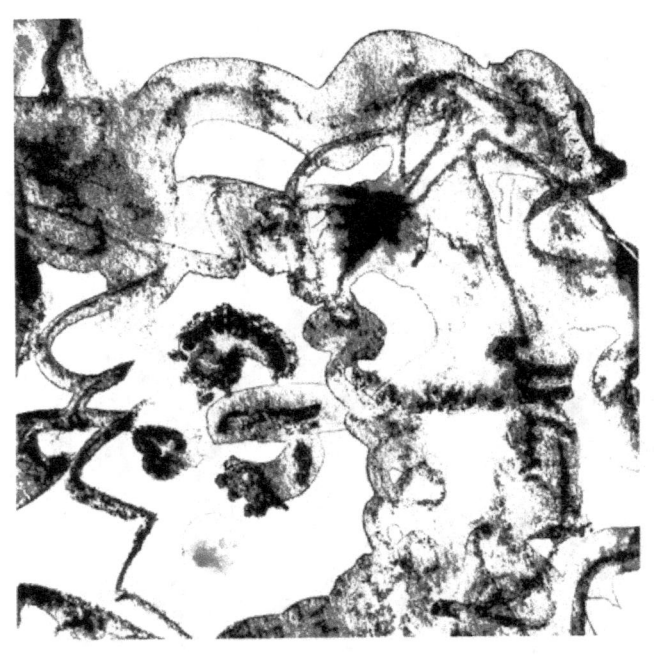

Teleskopie

Wo man nicht genau hingucken kann oder mag, wird Teleskopie notwendig.

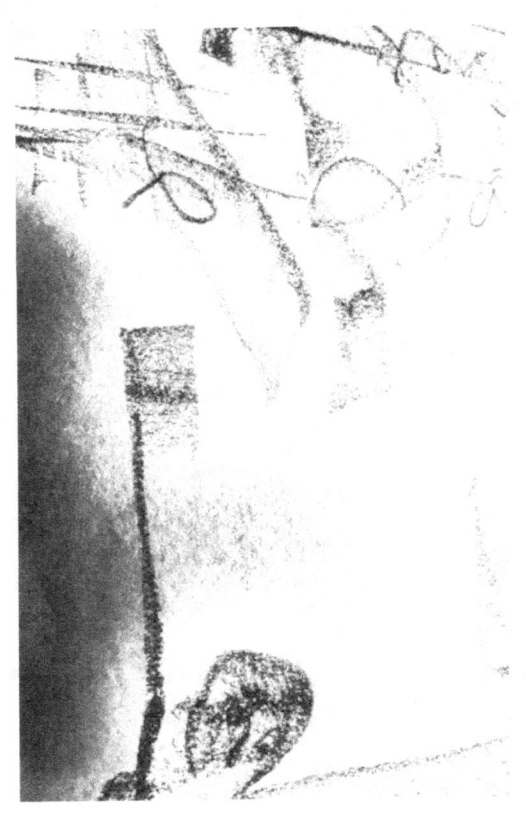

Was hat Geduld mit Spucke zu tun?

Alles oder nichts. Wenn einem Lama die Spucke wegbleibt, ist der Mensch dankbar. Bleibt einem Menschen die Spucke weg, spuckt das Lama trotzdem.

Gänsehautatmosphäre

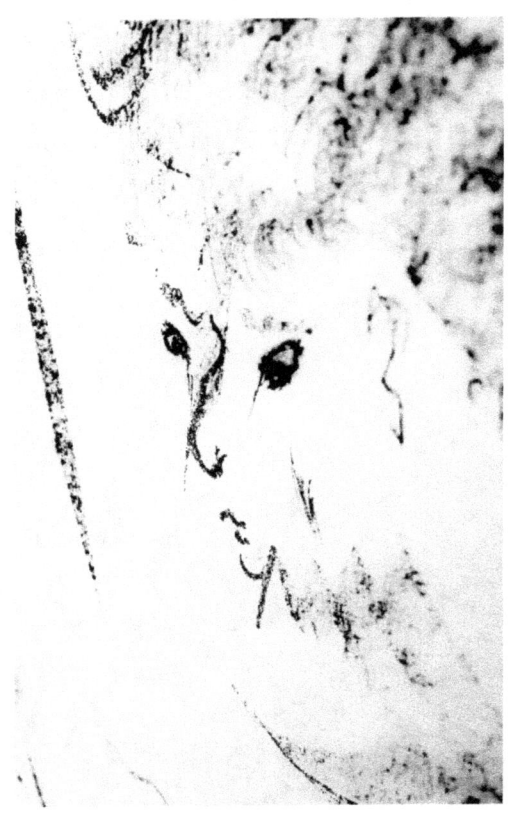

Was ist ein Stehkragen?

Eine örtliche Begrenzung, die sich am Oberkörper befindet.

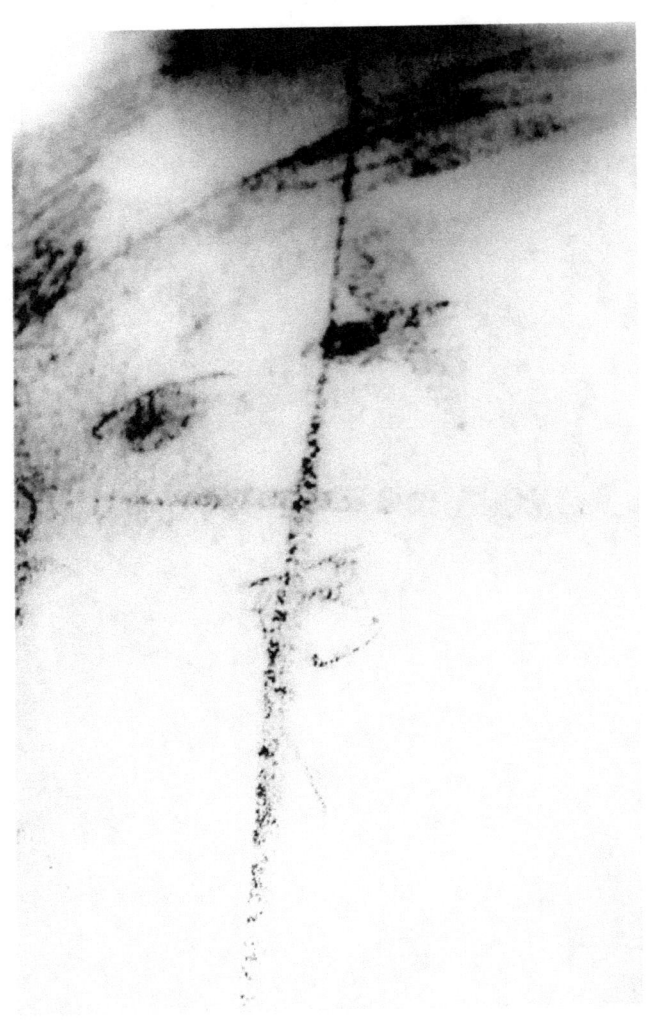

Was ist ein Doggy Bag?

Ein Amerikanismus für Kopf- und Gliederfüßler.

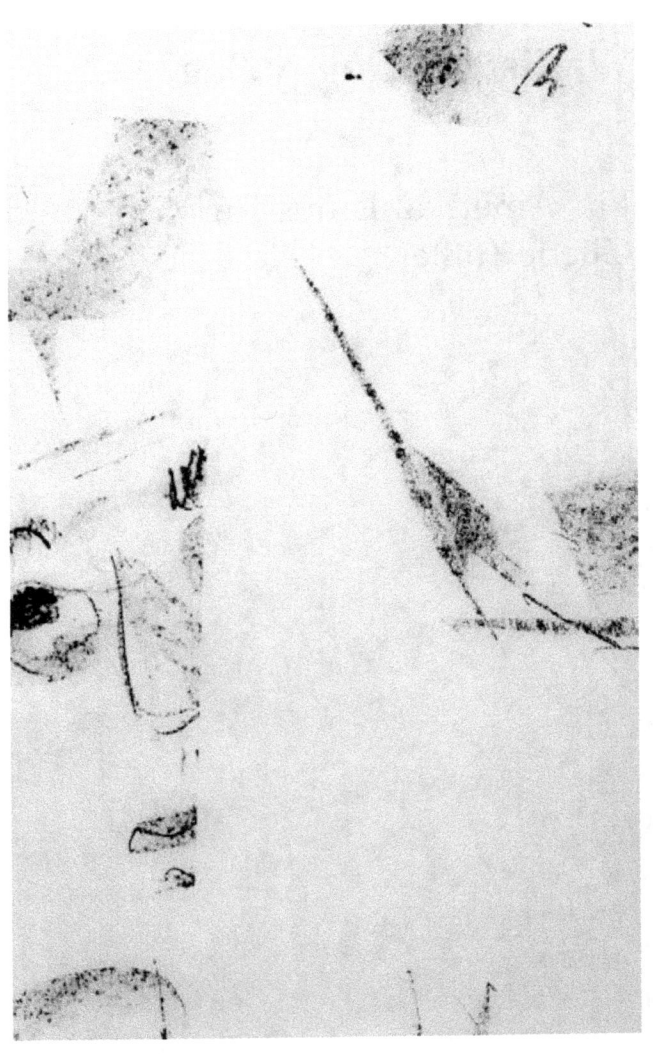

Was ist eine Revolution?

Wenn Deutsche anfangen, sich selber zu mögen.

Wenn Franzosen übereinstimmend aufhören zu streiken.

Wenn Italiener lieber Kartoffeln statt Pasta essen.

Wenn Engländer ihr geliebtes Roast Beef „durch" verlangen.

Wenn Russen Diät halten und Amerikaner behaupten, sie hätten diese Tortur von ihnen gelernt.

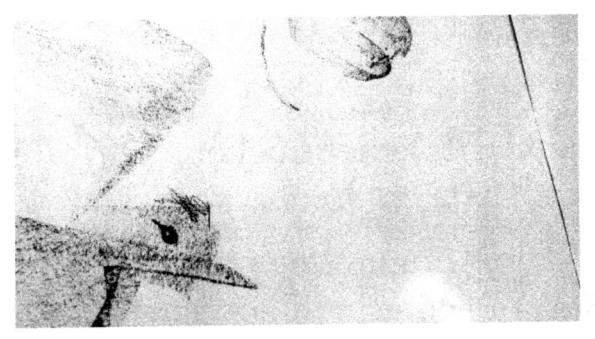

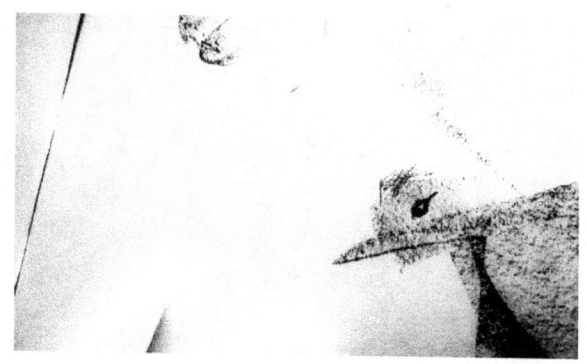

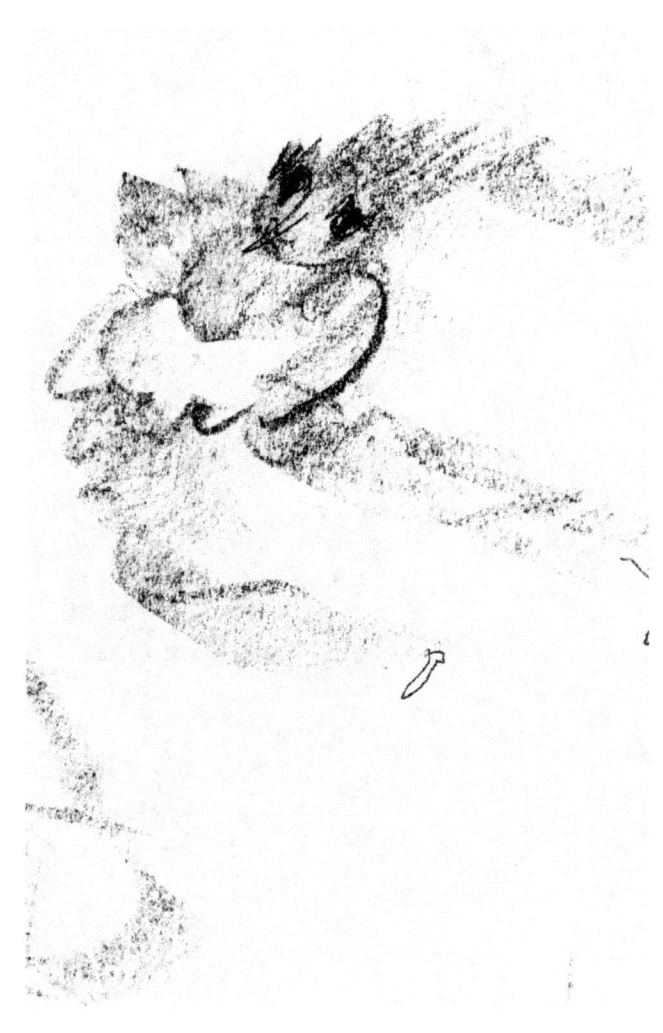

Stante pede

International gebräuchlicher Ausdruck für eine ständige Vertretung im Falle von marktüblichem Rettungsbedarf.

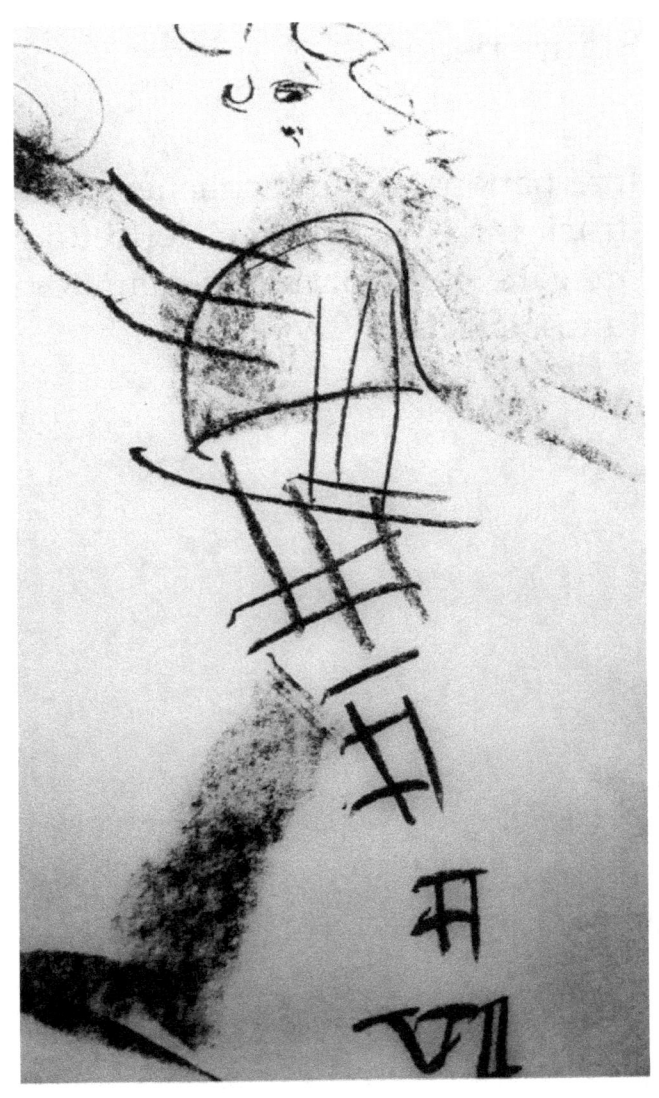

Was bedeutet „von den Socken"?

1)

Uralter Adel, doppelt gewirkt, Sitz bis zum unteren Wadenbein.

2)

Friesische Ausdrucksweise für Wasserwirtschaft.

3)

Baff.

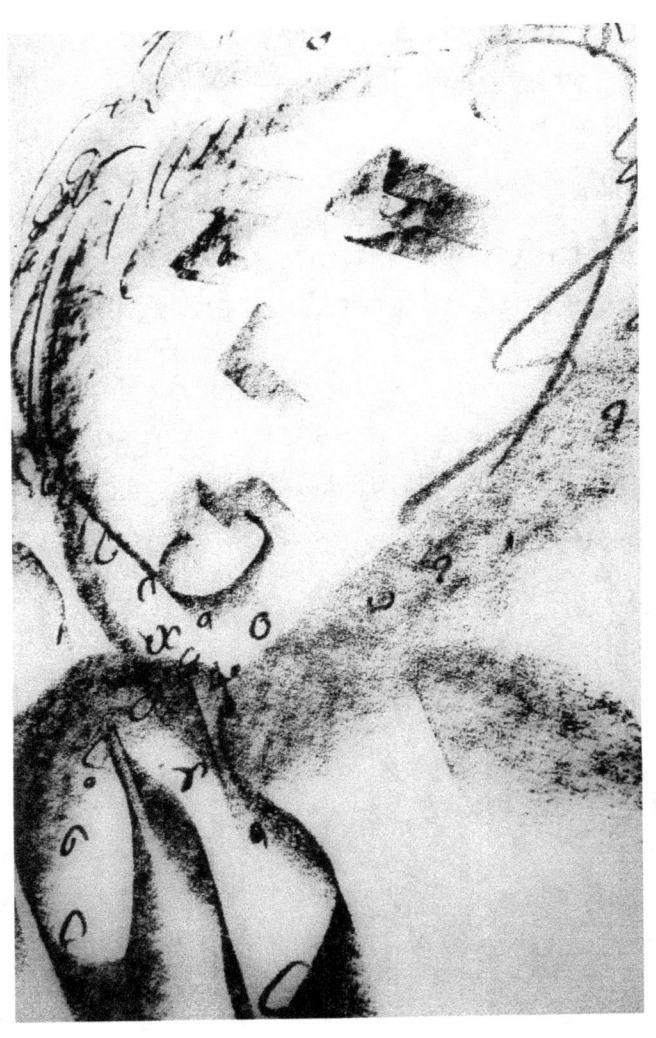

Was ist eine Leistungsgesellschaft?

In erster Linie ein Bonmot, das wie ein Gymnastikband wirken kann, wenn es aktiviert wird, um sich in eine Leistungsgesellschaft einfügen zu können.

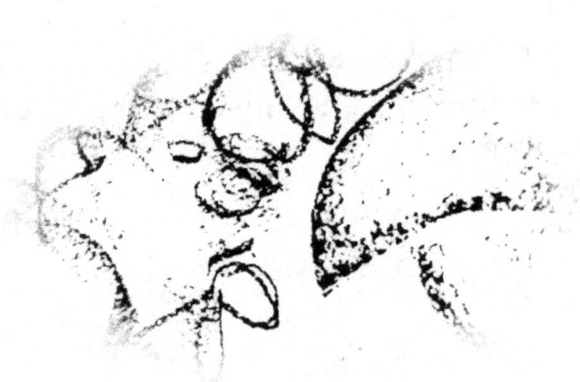

Die Sache mit dem Fragezeichen

Das Fragezeichen an sich ist keine Sache, sondern ein Satzzeichen, was dazu verleitet, es zu einer Hypothese zu machen und in den Stand einer Sache zu erheben.

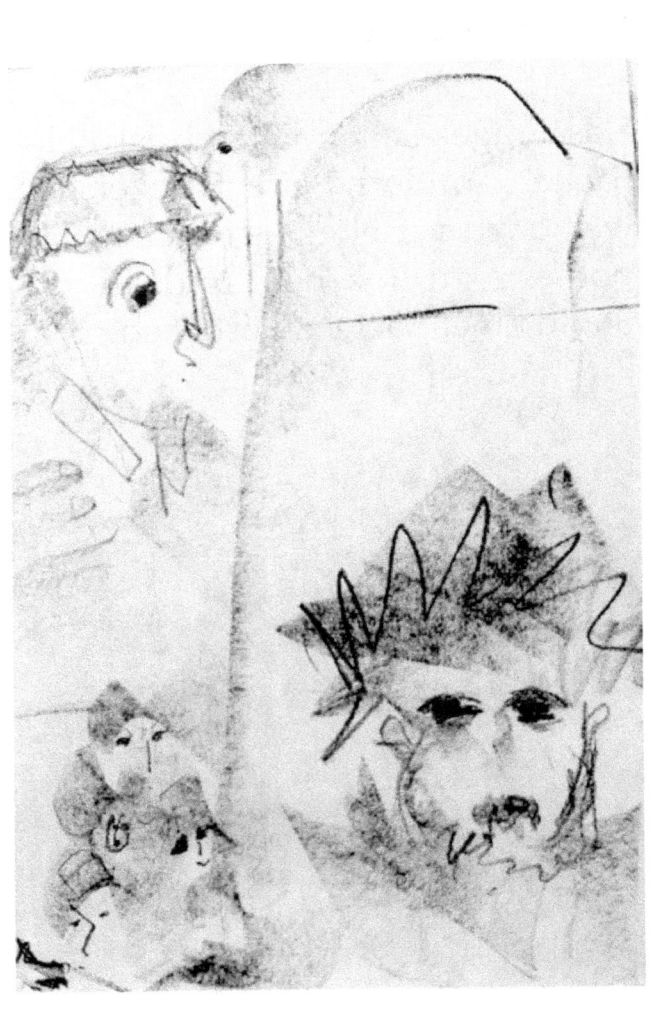

Auf den Busch geklopft...

...ist leichter gesagt als getan.

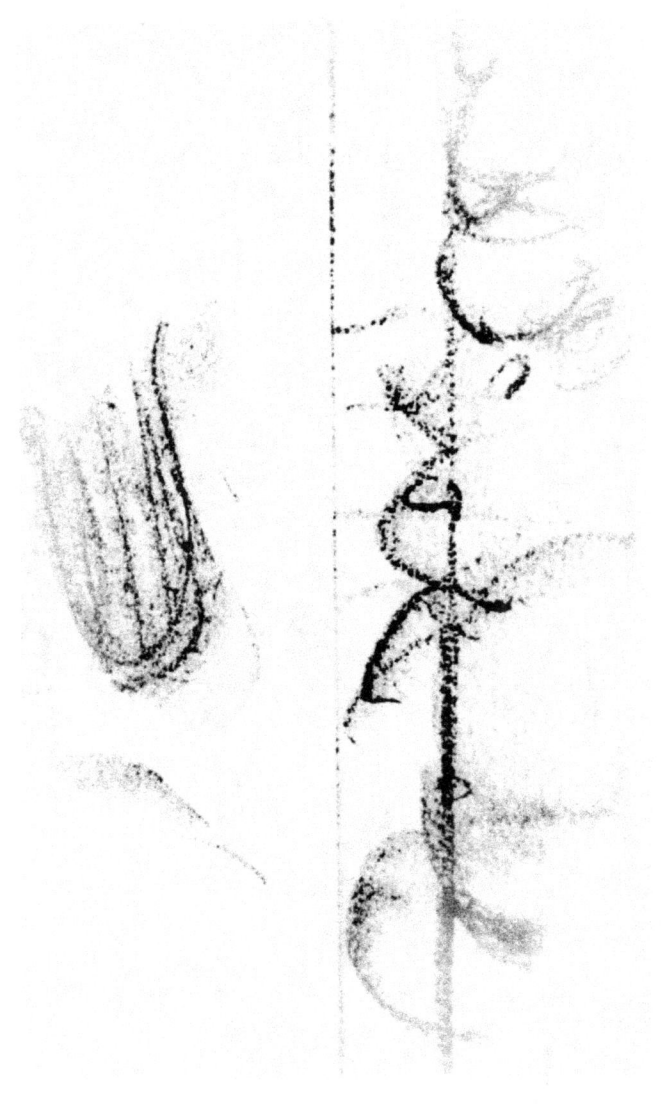

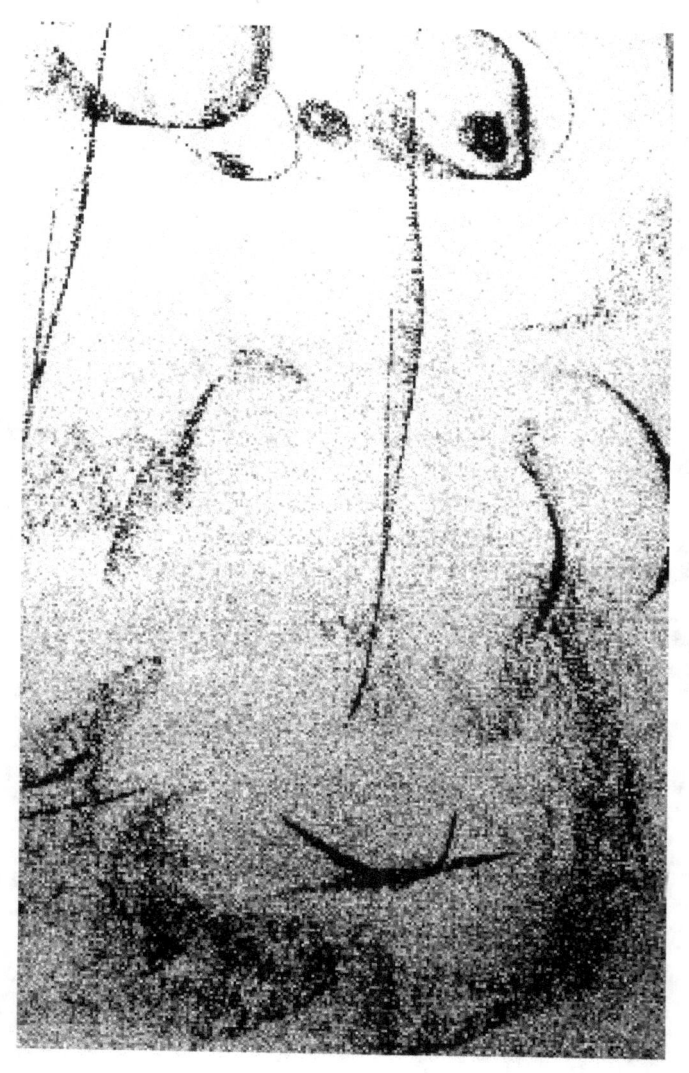

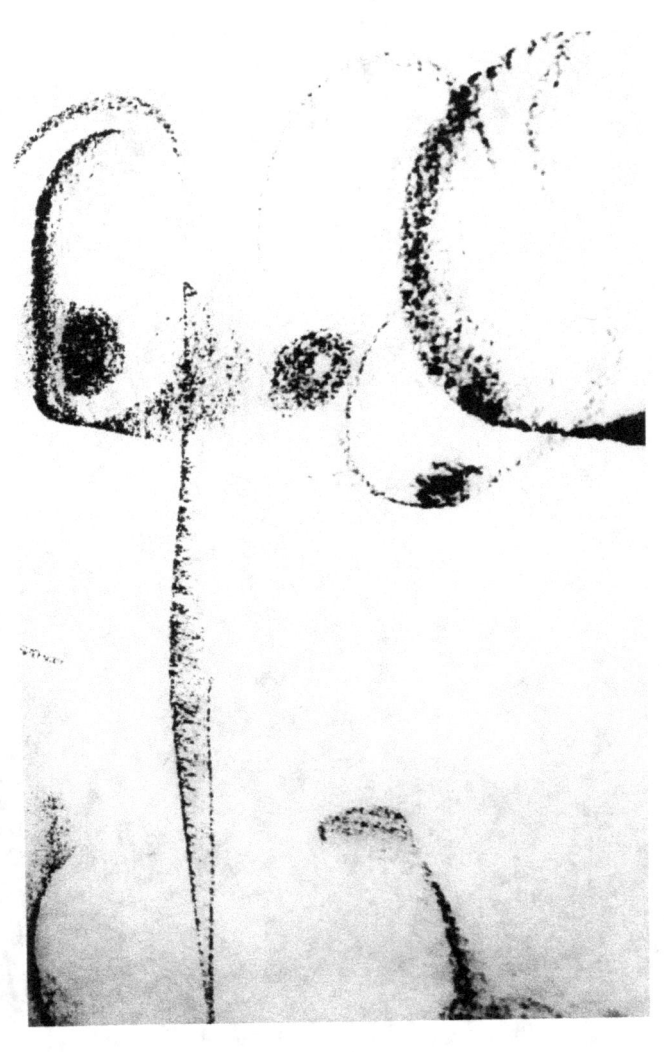

Premium Class...

...ist eine Bewusstseinshaltung, die Schadstofffreiheit garantiert.

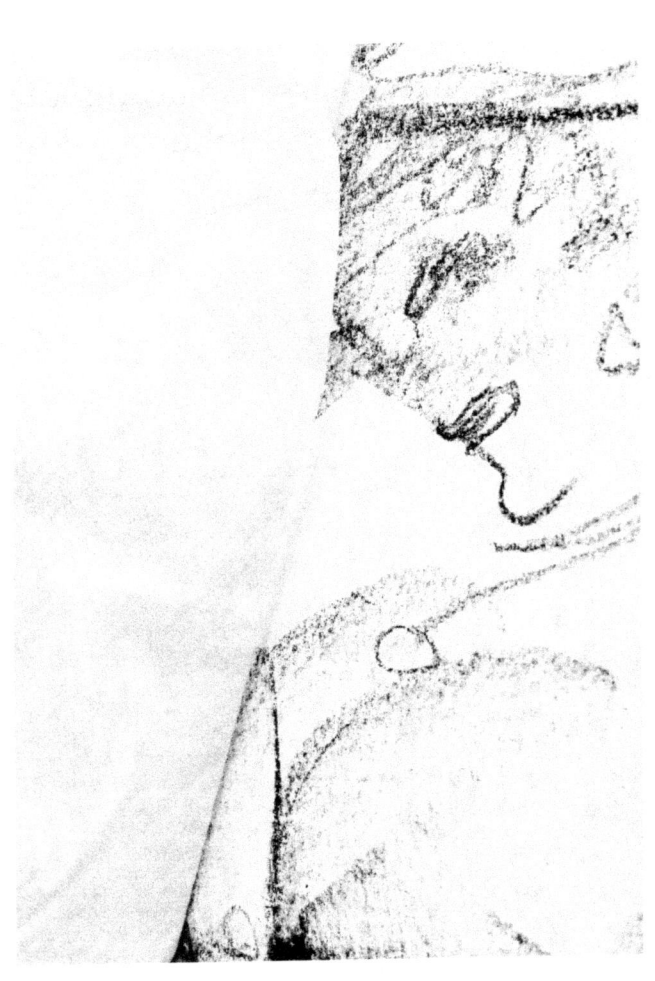

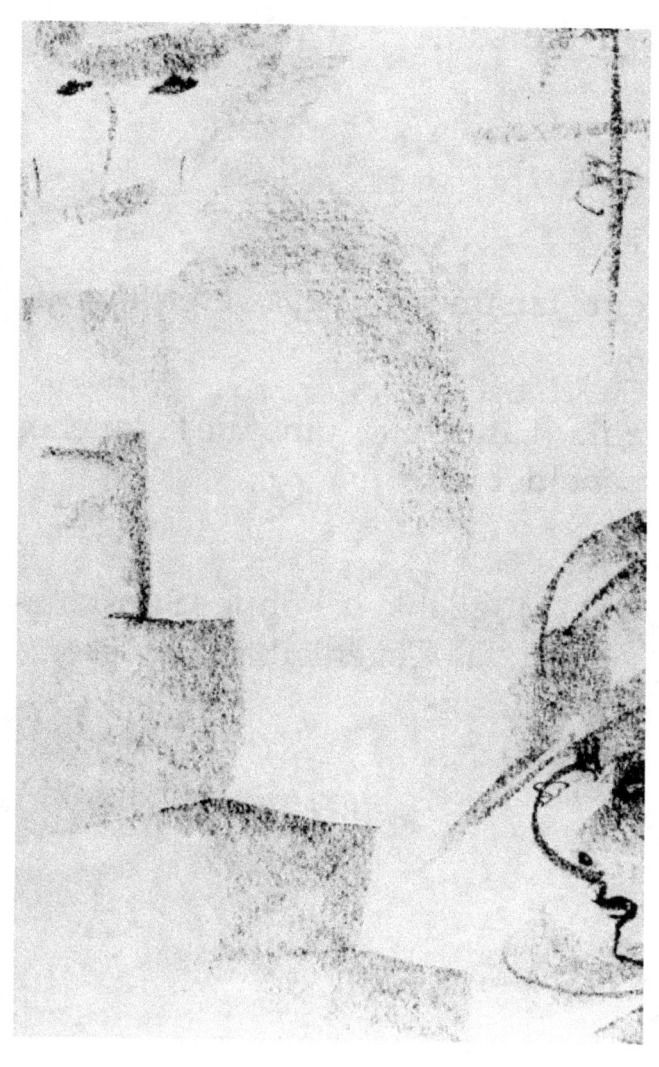

Sitzfleisch...

...ist

1)

ein Hab und Gut, das vererbt wird.

2)

eine Fähigkeit, um die mancher beneidet wird.

3)

Die Möglichkeit, ohne Substanzverlust das Gegenteil zu beweisen.

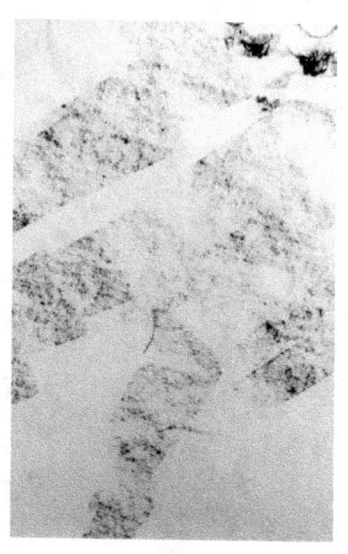

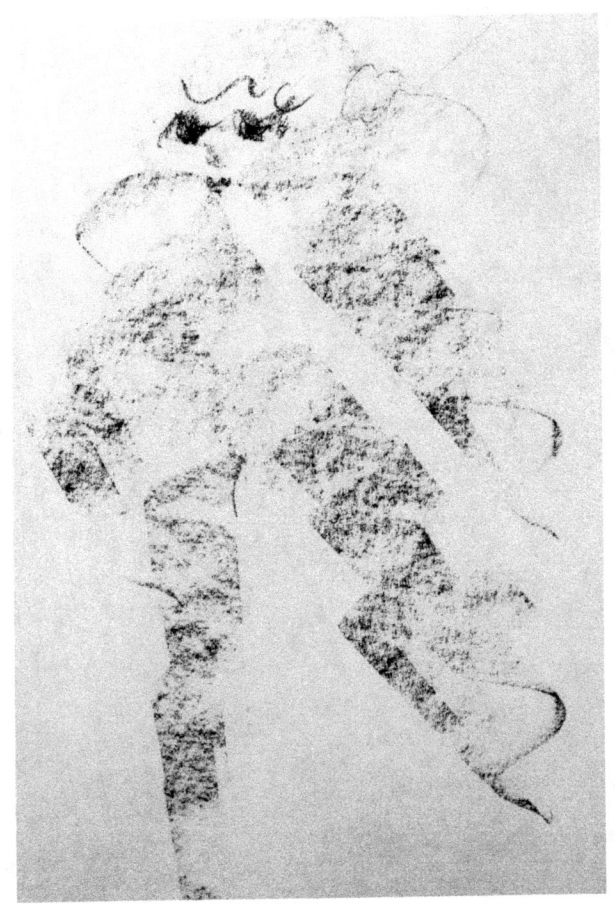

Was ist ein Gruselkabinett?

Im Prinzip eine „persona non grata" im Plural.

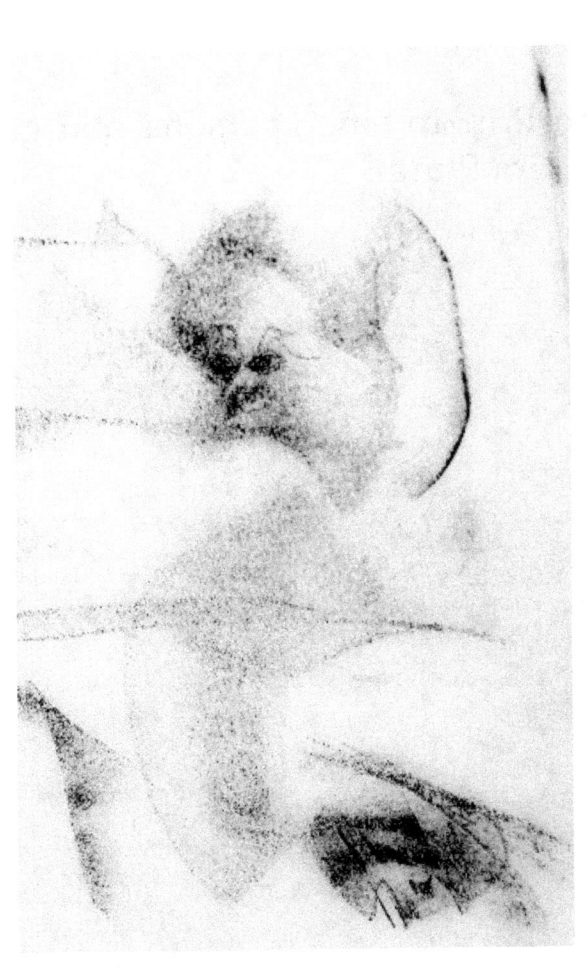

Wie trete ich einer Auskunft näher?

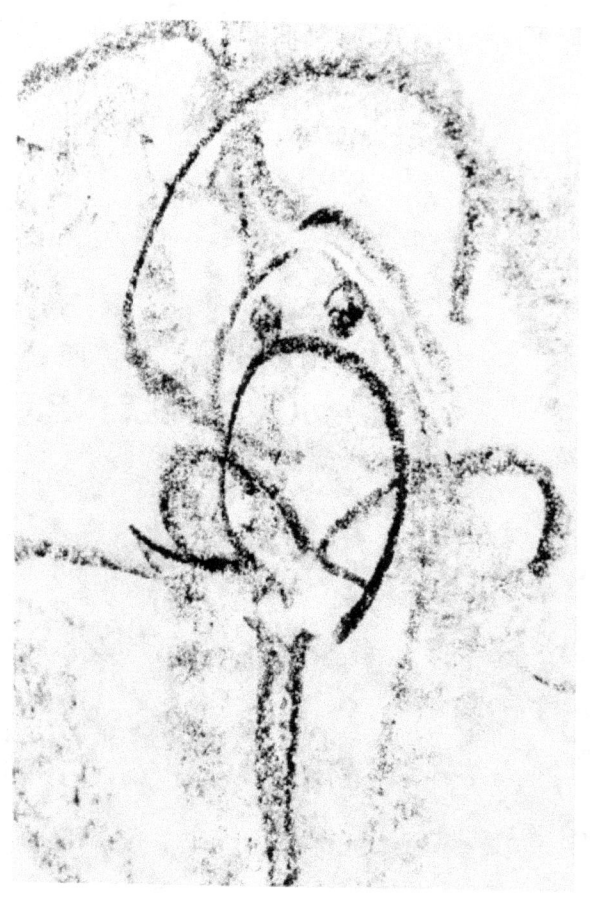

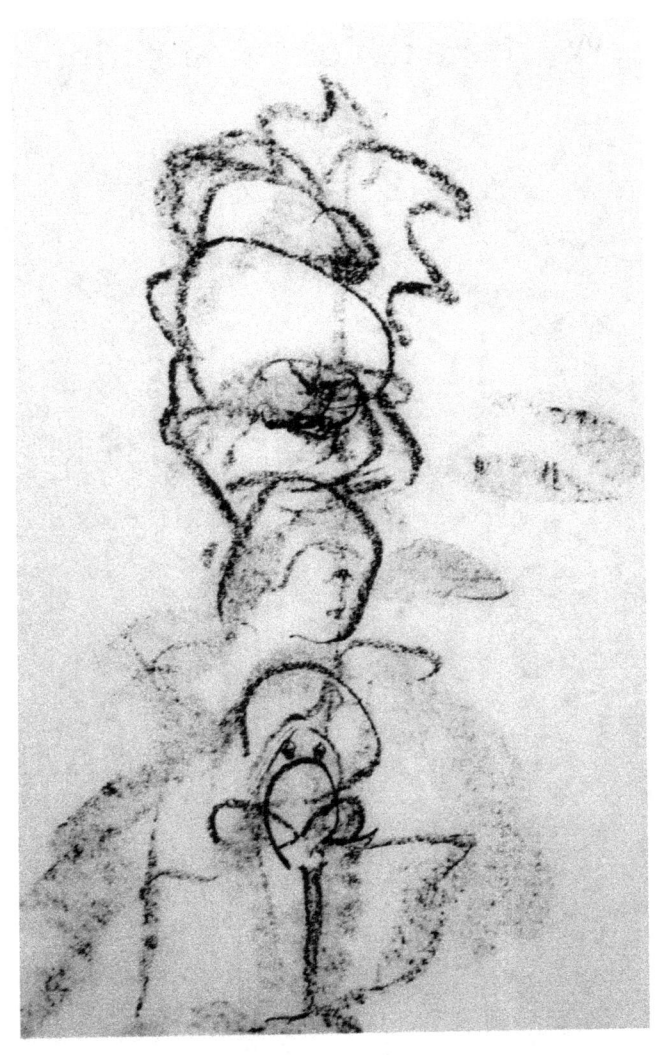

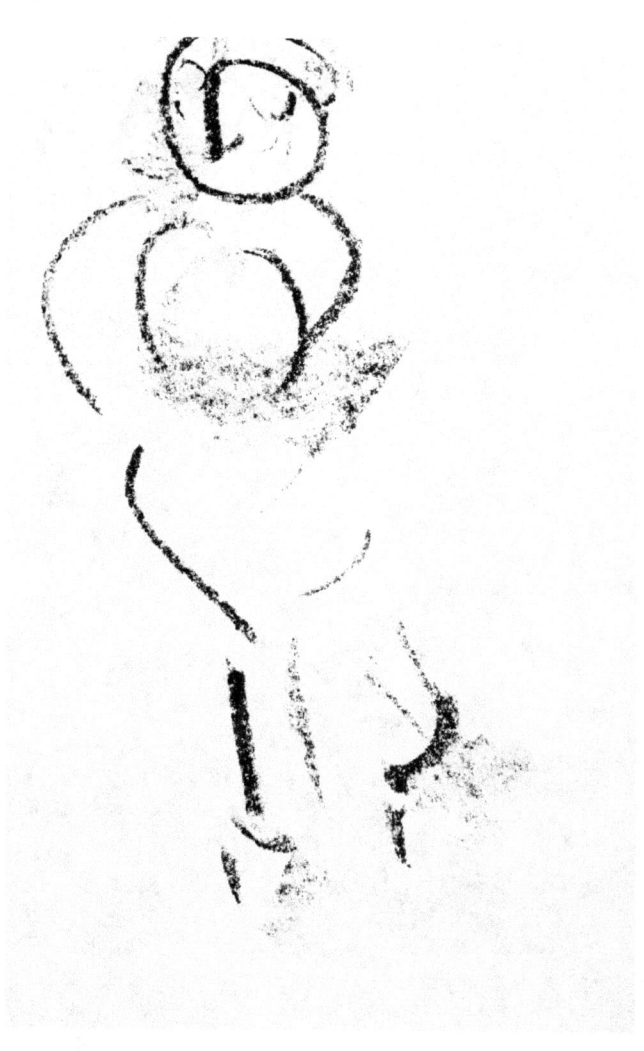

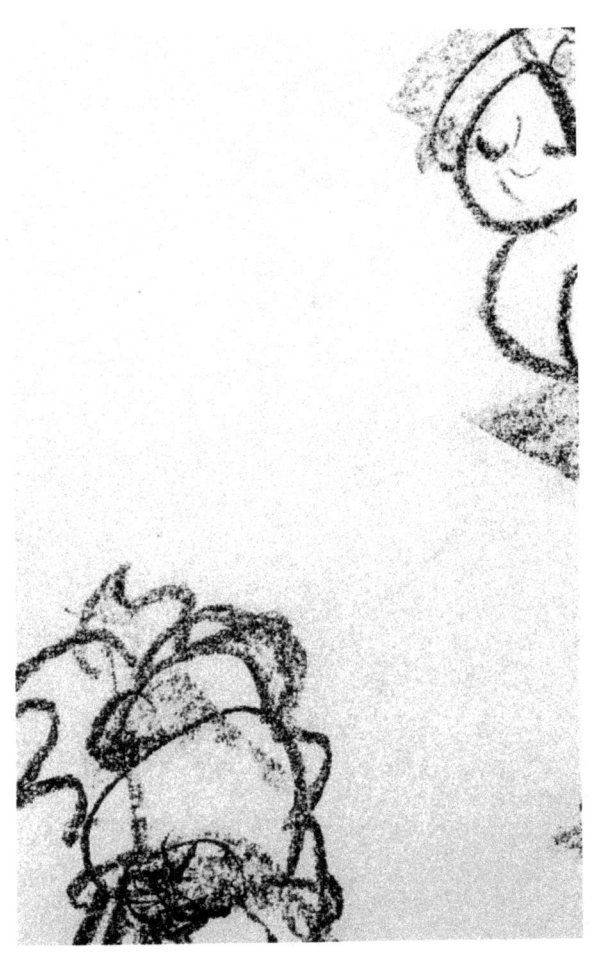

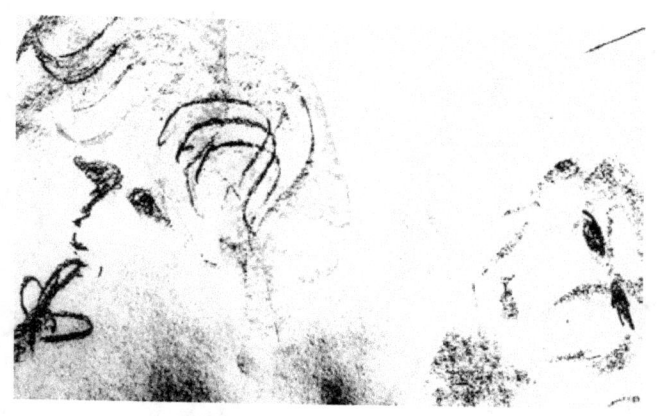

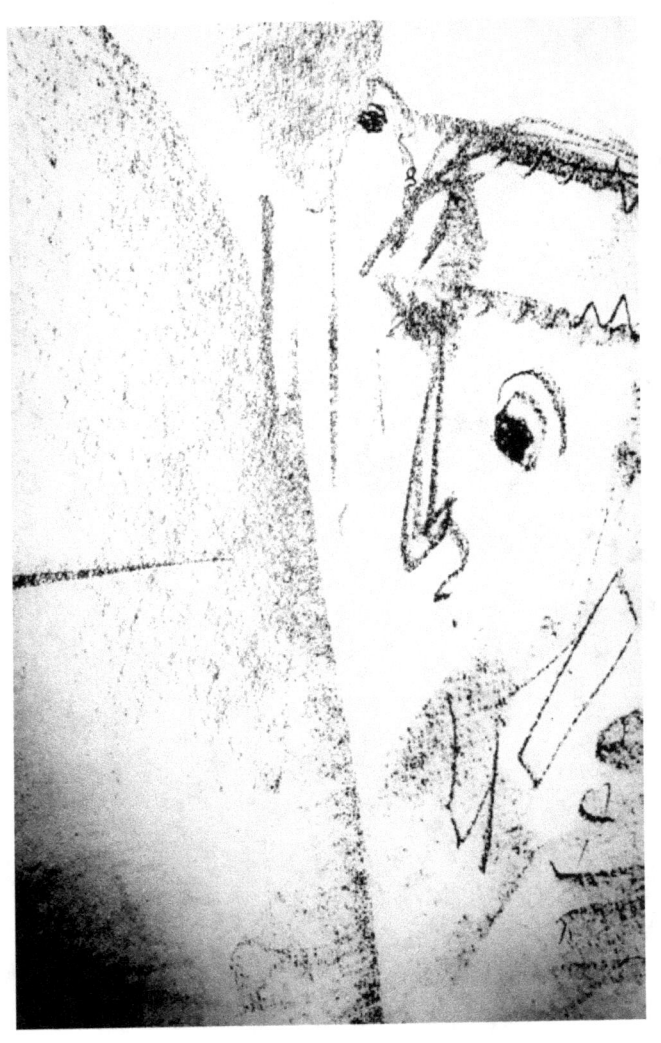

Wetterleuchten...

...ist ein Netzwerk von Molekülen, Kalkülen und ihren dazu gehörigen Derivaten.

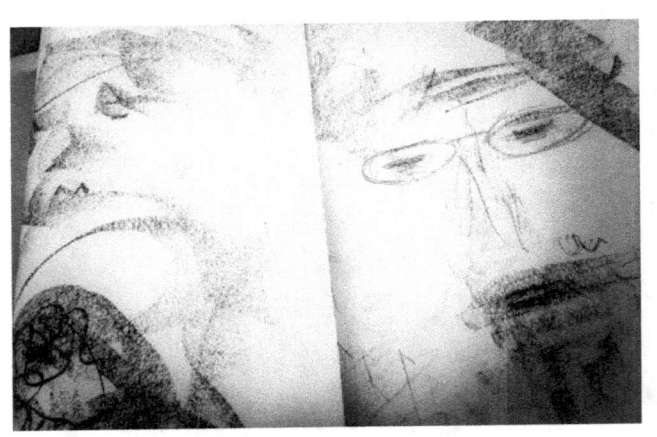

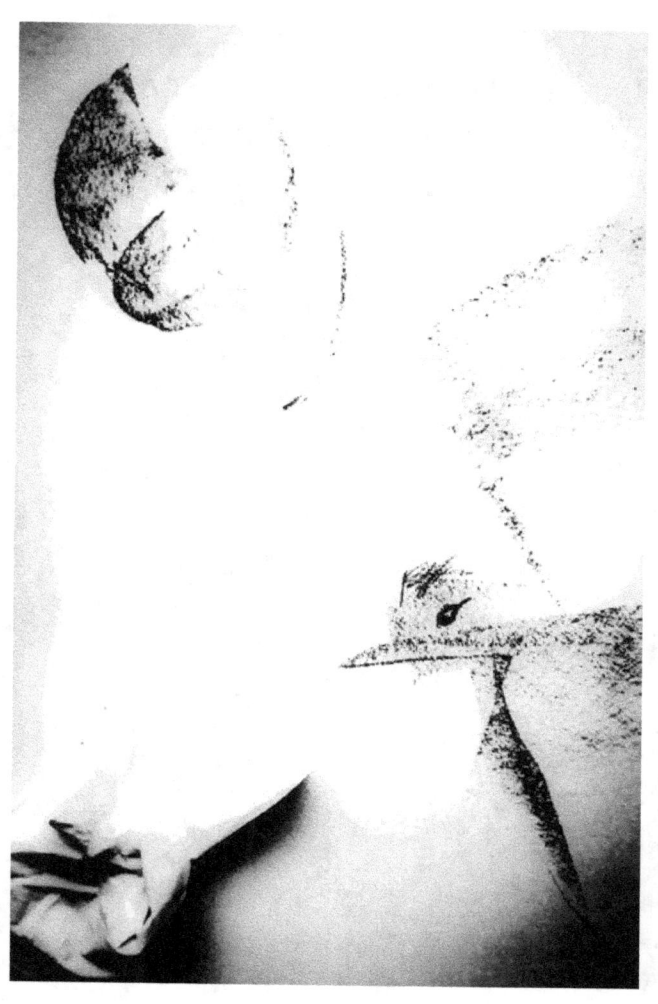

Was ist ein Bananenalarm?

Der plötzliche Anpfiff, sofort auf den Dampfer zu kommen.

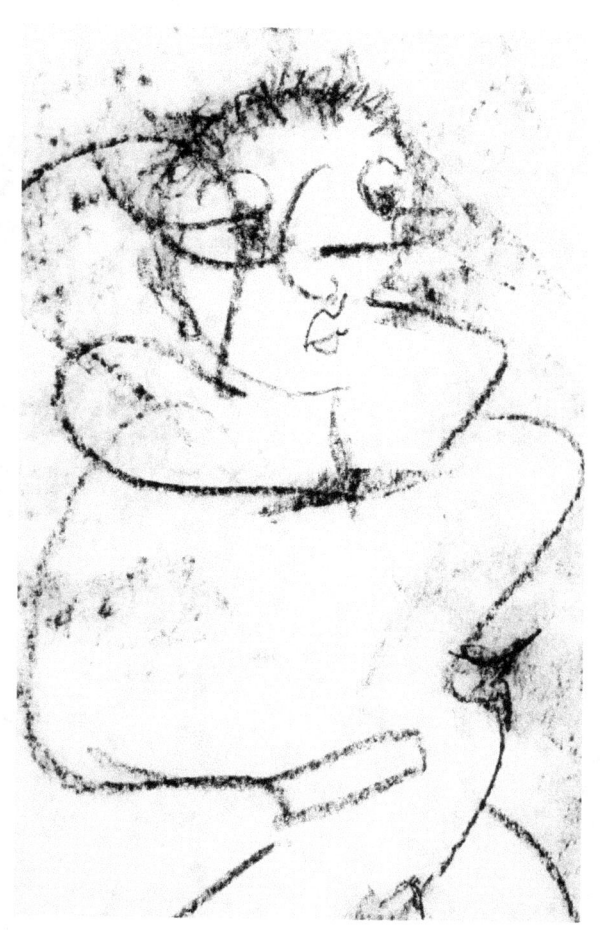

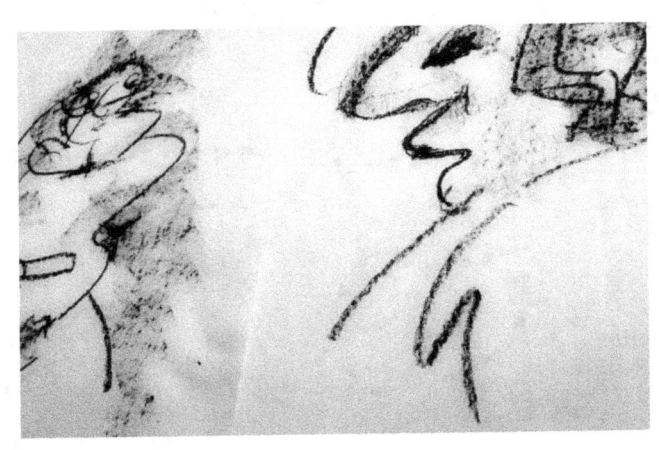

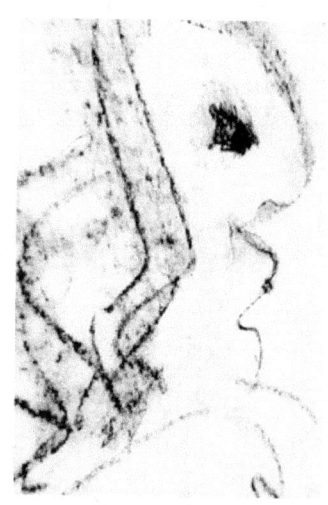

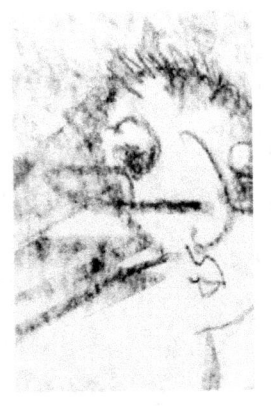

Was ist Humbug?

Adrenalin als Allerheilmittel.

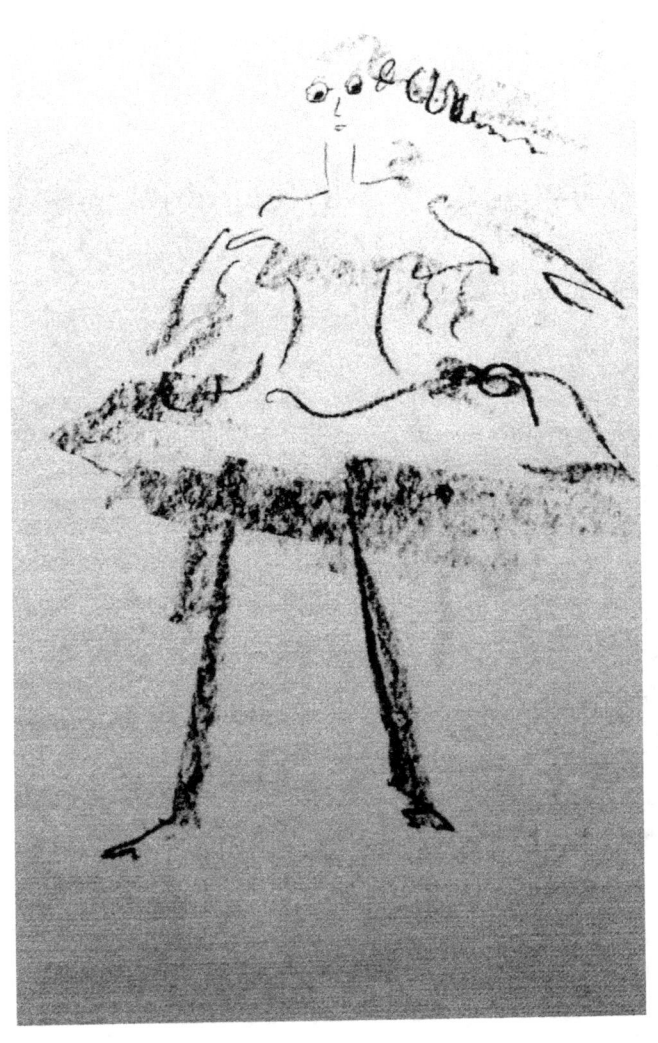

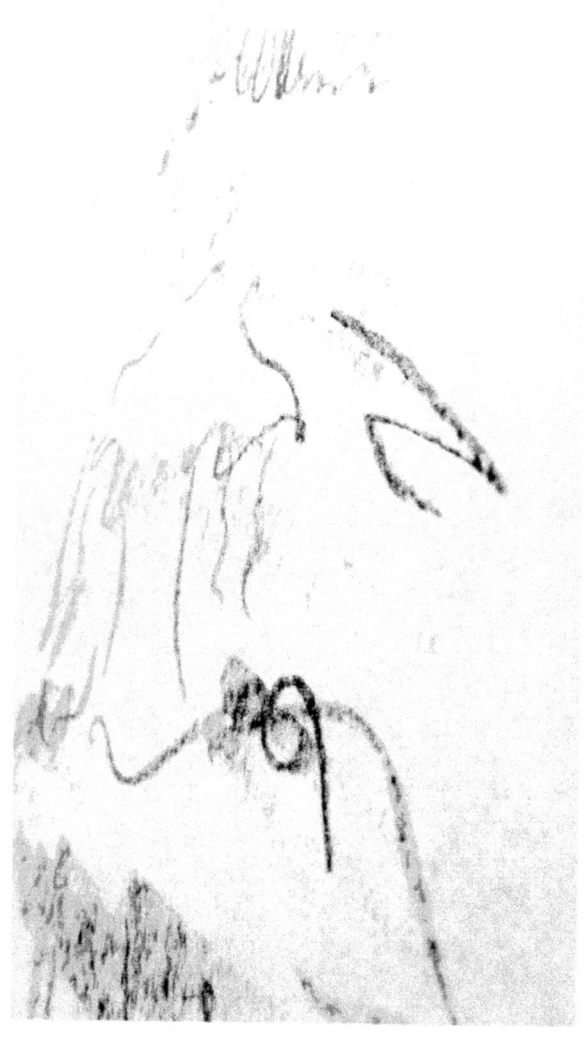

Bitte umblättern®

Ordinarius Veccius

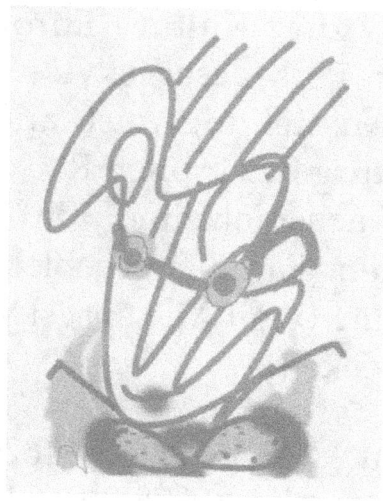

Weitere Bücher zu dem Thema von Irene Pietsch:

DoKa,

Landarzt mit Zukunft, Russlands Beitrag zur Kultur Europas in Modest P. Mussorgskys „Bilder einer Ausstellung", ist außerdem Dramaturg des großen Rätselratens um Nachspielzeiten in seiner bewegten Familiengeschichte, die er versucht, mit Mussorgskys Hilfe aufzudecken.

Paperback ISBN 978-3-946267-03-4
Hardcover ISBN 978-3-946267-04-1
e-Book ISBN 978-3-946267-05-8

Jabo Clic

Herr Grotschy stimmt als Wiener mit Haydn auf Wien ein und führt über den Prater, Mozarts Armengrab auf dem Marx'schen Friedhof zum Schottenstift. Dabei legt er eine Spur zu Haydns energetischer Obsession, die mehr als eine Begehrlichkeit weckt.

Paperback ISBN 978-3-946267-21-8
Hardcover ISBN 978-3-946267-22-5
e-Book ISBN 978-3-946267-23-2

www.ingramcontent.com/pod-product-compliance
Lightning Source LLC
Chambersburg PA
CBHW071205240526
45470CB00018B/1507